KB179074

유성룡이 들려주는

징비록 懲毖錄 이야기

유성룡이 들려주는

징비록懲毖錄 이야기

ⓒ 유성선, 2008

초판 1쇄 발행일 2008년 7월 21일
초판 10쇄 발행일 2021년 7월 6일

지은이   유성선
펴낸이   정은영
펴낸곳   (주)자음과모음

출판등록   2001년 11월 28일 제2001-000259호
주소   04047 서울시 마포구 양화로6길 49
전화   편집부 (02)324-2347 경영지원부 (02)325-6047
팩스   편집부 (02)324-2348 경영지원부 (02)2648-1311
e-mail   jamoteen@jamobook.com

ISBN 978-89-544-0821-9 (64100)

유성룡이 들려주는
징비록懲毖錄 이야기

유성선 지음

㈜자음과모음

1592년, 조선은 큰 혼란의 소용돌이에 빠졌습니다. 일본이 조선을 침략하여 임진왜란이 일어났기 때문이에요.

임진왜란의 위기 한 가운데 유성룡(柳成龍, 1542~1607) 선생이 있었답니다. 그리고 10년 전쟁인 임진왜란과 정유재란의 국가적 위기를 훌륭하게 극복하였어요. 유성룡은 타고난 기품이 맑고 자질이 순수하였으며, 일찍이 퇴계 이황 선생으로부터 학문을 배웠어요. 유성룡은 학자일 뿐만 아니라 정치가이자 전쟁을 승리로 이끄는 전략가이기도 했답니다.

왜군의 일방적인 침략 전쟁으로 시작된 임진왜란과 정유재란은 우리 민족에게 있어서 유례없는 수난의 역사였습니다. 만일 유성룡이 이순신 장군과 권율 장군이 왜군을 무찌르는 데 앞장서도록 추천하지 않았다면 임진왜란의 결과는 어떻게 되었을까요? 왜군을 무찔러 조국을 구한 이순신 장군과 권율 장군의 공이야 말할 것도 없지만, 그러한 인물을 전쟁에 쓰이도록 만들어 나라를 구하게 한 유성룡의 음덕은 단연 빛나는 일입니다.

그 당시 전쟁을 직접 목격하고 저술한 책이 《징비록》이에요. 이 《징비록》에는 10년 전쟁인 임진왜란과 정유재란의 상황이 세밀하게 기록되어 있어요. 뿐만 아니라 유성룡이 임진왜란과 정유재란을 겪으면서 몸소 체험한 사실들을 기록한 책으로 교훈적인 내용이 많이 담겨 있어요. 여기서 '징비'라는 말은 《시경》〈소비편〉의 '내가 지난 일을 징계하여 뒷날의 근심거리를 경계한다(豫其懲而毖後患)'라는 구절에서 따온 것이에요.

이 《징비록》은 임진왜란 이전에 일본과 조선의 외교관계 및 임진왜란의 원인과 상황을 상세하게 기록하고 있어요. 그래서 임진왜란의 중요한 사료 및 연구 자료로서 이순신 장군의 전쟁일기인 《난중일기》와 함께 높이 평가받고 있답니다. 무엇보다 《징비록》은 뚜렷한 목적의식을 가지고 저자가 실제 전쟁 중에 국가의 중요한 책임을 맡아, 몸소 알아보고 체험하면서 그 대책을 세우는 가운데 얻어진 풍부한 사료와 지식을 기반으로 하였다는 데 큰 가치가 있어요.

이 책에서는 주인공 현지가 유성룡의 마을인 하회마을로 여행을 가서 겪는 일들을 통해 《징비록》의 이야기를 전개하고 있어요. 하회(河回)라는 명칭은 말 그대로 물이 돌아 흐른다는 의미로 낙동강 줄기가 마을을 휘감고 흐르며, 산들이 병풍처럼 마을을 둘러싸고 있답니다.

《징비록》이 제시하는 것은 임진왜란을 통해서 "유비무환의 정신으로 다시 이런 치욕을 당해서는 안 된다"라는 것이에요. 이제 유성룡의 발자취가 남아 있는 하회마을의 여행을 통해서 《징비록》의 정신을 살펴봐요.

2008년 7월

유성선

CONTENTS

프롤로그

헉헉.

숨이 목까지 차오르네요. 조금만 더 조금만 더. 앞으로 일곱 발자국. 야호, 드디어 집 앞입니다. 현관문을 힘차게 당깁니다.

"다녀왔습니다."

시계를 보니 8시 18분. 아, 다행이에요. 내가 좋아하는 드라마가 아직 시작하지 않았어요. 학원 공부가 끝나자마자 드라마 시간에 맞춰 오려고 정말 열심히 뛰었답니다.

"현지야, 왔니? 얼른 와서 저녁 먹어야지."

"엄마, 엄마아! 드라마 보고나서 먹으면 안 돼요?"

약간의 콧소리를 섞어 엄마를 불러 봅니다.

"글쎄⋯⋯. 오늘은 힘들 것 같은데. 아빠가 먼저 TV 보고 계셔."

어? 아빠가 일찍 들어오시다니? 우리 아빠는 카센터 사장님이세요. 어제까지만 해도 아빠는 매일 뉴스가 끝나는 시간에 들어오셨어요. 그런데 오늘은 한 시간이나 일찍 들어오셨네요.

"현지 왔니?"

아빠가 나를 아는 척 하시곤 다시 TV 화면을 보시네요. 대체 무얼 보시는 걸까요? 아차차, 드라마! 깜빡했군요. 시간을 보니 드라마가 시작됐겠어요. 어쩌면 좋아. 머릿속에서 주인공들이 저벅저벅 걸어 다닙니다. 오늘은 어떤 이야기가 시작되고 있을까요? 궁금하네요. 아, 어쩌지요? 음, 드라마 보고픈 마음이 너무나 큽니다. 안되겠습니다. 아빠께 부탁을 드려야지.

"아빠, 저…… 지금 드라마 보면 안 돼요?"

"현지야, 오늘만 텔레비전을 아빠에게 양보해 주면 안 되겠니?"

아빠가 웃으시며 오히려 제게 부탁을 하시네요. 아, 아빠의 저 사랑스러운 웃음. 드라마 보고 싶은 마음이 컸지만, 일찍 들어오신 아빠를 위해 오늘 하루 드라마에 대한 마음을 접어야겠어요. 나에겐 주말 재방송이 있으니까요. 아빠께 기꺼이 텔레비전을 양보해 드리고 늦은 저녁을 먹으러 부엌으로 갔습니다.

"아빠가 일찍 들어오셨네요."

"손님도 없고 해서 일찍 들어오셨대. 아휴, 점점 갈수록 장사하는 게 힘이 드네……."

엄마께서 갑자기 말끝을 흐리십니다. 자세히는 몰라도 엄마께서 하시려는 말씀을 대충 알 것 같습니다. 어른들이 모이시면 자주 하시는 말씀이 우리나라 경제가 어렵다는 거예요. 또 먹고사는 게 전 같지 않다며 인상도 많이 찌푸리세요. 아빠 일도 그런 걸까요? 갑자기 맛있게 먹던 밥이 잘 넘어가지 않네요.

저녁 식사를 한 후 거실로 나오니 아빠와 엄마께서 TV를 보며 이야기를 나누고 계십니다. 아빠가 보시는 프로그램이 갑자기 궁금해집니다. 화면을 보니 이번 대통령 선거에 나온 후보들이 이야기를 하고 있습니다.

"이런 공개 토론을 본다고 낫겠어요? 결국 말뿐이겠지. 지난번도 지금이랑 똑같았잖아요. 그런데 사는 건 예전보다 더 힘들어진 것 같아."

엄마의 목소리에서 불만이 느껴집니다.

"지금 우리나라 사정이 좋지 않긴 해. 위기라고 할 수 있어. 그러니 이번 선거가 얼마나 중요하겠어? 누가 대통령이 되느냐에 따라 우리나라의 앞날이 달라지니까. 당신도 이번 선거 진지하게 생각해 봐. 예전과 같다고만 생각하지 말고. 옛날에 '집안이 가난하면 어진 아내가 생각나고, 나라에 난리가 나면 훌륭한 재상이 생각난다' 잖아. 이 나라를 위해 힘쓸 재목에게 관심을 갖자고. 혹시 알아? 대통령 잘 뽑아서 우리가 부자가 될지? 더 크게는 경제 대국이 될지?"

아빠의 진지한 말씀과 태도에 엄마는 슬며시 웃으셨어요.

옆에서 아빠의 말씀을 듣고 있던 나는 이번 선거가 남다르게 느껴집니다. 그리고 아빠가 말씀하신 옛말이 이상하게 머릿속에 남네요. 평소에 관심도 없었던 대통령 후보자들이 갑자기 대단해 보입니다.

'하늘이 낸 사람'을 찾아서

마산역을 지날 무렵, 밭에서 일하던 사람이 일행을 바라보더니 통곡하며 말하였다.
"나라님이 우리를 버리시면 우리는 누굴 믿고 살아간다는 말입니까?"
임진강에 이를 때까지 비는 멈추지 않았다. 배에 오르신 임금께서 수상과 나를 부르셔 뵙고 나왔다.

— 유성룡, 《징비록》

1 너의 도움이 필요해

"너 ○○동에 살지?"

"아니, 난 △△동."

"어머, 정말? 너 ○○동 아니었어? 어떡해……. 우리 같은 중학교에 못 가겠다. 다른 친구들하고는 다 함께인데……."

"아직 확실하지 않잖아……."

"아냐, 우리 언니가 그러는데 거의 집 주소 근처 학교로 정해진대. 너만 다른 중학교야."

선생님께서 잠시 교무실에 가신 틈을 놓치지 않고 모둠 친구들끼리 이야기를 나눕니다. 초등학교에서 보내는 마지막 학기여서 그런지 나를 비롯한 모든 학생들은 새로 가게 될 중학교에 관심이 많아요. 고개를 돌려 옆 모습을 바라보았어요. 한 친구 얼굴이 새빨갛습니다. 표정을 슬쩍 보니 당장 울 것 같네요.

옆에 앉은 나선이가 옆구리를 꾹꾹 찌르더니

"우린 같은 동에 옆집이니 중학교도 분명 같을 거야."

당연하다는 미소를 짓습니다.

홍나선. 유치원 때부터 단짝인 친구예요. 공부는 저랑 비슷하지만 운동도 잘하고 성격도 화끈하고 아주 멋진 친구랍니다. 뭐, 가끔 너무 화끈해서 마음속에 말을 담아 두지 못하는 단점도 있기는 해요.

나선이의 이런 점 때문에 상처를 몇 번 받았긴 해요. 하지만 나쁜 뜻으로 상처를 주는 것이 아니라는 사실을 이제는 잘 알고 있어요. 이제는 나선이를 많이 이해하는 편이랍니다. 아무튼 나선이는 제가 어려운 일이 있을 때마다 정말 적극적으로 도와주는 친구예요. 그래서 나선이는 가장 소중하고 친한 친구이기도 하지요.

주소대로 중학교가 정해진다면 분명 나는 나선이와 한 학교인

게 확실할 거예요. 낯선 중학교에 혼자 간다면 얼마나 외로울까요? 생각만 해도 소름이 끼칩니다.

"△△동에 살면 □□ 중학교에 간다던데. 거기 정말 별로래."

"정말?"

"어쩜 좋아."

"그 학교 안 가서 정말 다행이야."

중학교에 관한 이야기가 나오니 반 전체가 소란스러워집니다. 조용한 바닷가에 갑자기 큰 파도가 밀려드는 것처럼 우리 반 아이들은 중학교에 대해 저마다 한두 마디씩 보태기 시작했어요. '어디 학교가 좋다', '별로다' 라는 대화를 시작으로 '어느 학교에 가게 될 것이다', '같은 중학교에 갈 친구끼리 친하게 지내자' 라는 등의 이야기가 교실 여기저기서 나오기 시작했어요.

사실 요즘 우리 반 분위기가 별로입니다. 지금 같은 일이 자주 일어나요. 중학교 이야기만 나오면 그래요. 금방 교실 안이 시끄러워져요. 그리고 우리 중학교, 너희 중학교 하면서 편을 갈라요. 그전까지 정말 친했던 친구들인데도 말이에요. 가야 할 중학교가 달라지면 어색한 사이로 변하곤 해요.

얼마 전에 치렀던 2학기 학예회에서 우리 반은 협동상까지 받았어요. 이때만 해도 모두가 서로를 아껴 주는 친구였는데. 아휴, 웅성웅성하는 소리가 점점 커지네요. 이러다 선생님 오시면 단체로 혼나겠어요.

"애들아, 좀 조용히 해 줄래? 옆 반에서 시끄럽다고 하겠어."

반장 수렴이가 드디어 나섰어요. 수렴이의 목소리에 아이들은 처음보다 많이 조용해졌지요.

"으, 저 잘난 체!"

나선이가 나직이 내 귀에 속삭입니다.

"반장이니까 그러지. 떠들다가 선생님 들어오시면 혼날 수도 있고……."

내 말을 듣는 순간 나선이의 표정이 일그러집니다. 이때서야 나는 '아차!' 하는 생각이 들었어요. 나선이는 반장인 수렴이를 그리 좋아하지 않습니다.

"그래, 네 말대로 반장이니까 그렇겠지."

말투가 딱딱 끊어집니다. 아아, 나선이가 토라져 버렸나 봅니다. 어쩌면 좋을까. 나는 순간 당황합니다. 나선이 앞에서 절대 깜

박하지 말아야 할 것 중 하나를 깜박해 버렸으니까요. 수렴이의 편인 것 같은 말을 해서 나선이가 삐친 모양입니다.

　수렴이와 나선이는 개와 고양이 같은 사이입니다. 서로 으르렁거리죠. 그렇다고 특별히 사이가 나빠질 사건이 있었던 것도 아니에요. 그런데 수렴이가 하는 행동은 나선이가 별로 좋아하지 않습니다. 수렴이 역시 나선이가 하는 행동이 마음에 들지 않은 것 같습니다. 어쩌다 이 둘이 말다툼을 하고 있으면 정말 개와 고양이가 외나무다리에서 만나 으르렁거리는 모습이 떠오르곤 한답니다.

　나선이의 마음을 빨리 풀어 줘야겠어요. 삐친 얼굴의 나선이를 보며 "아앙, 나선아, 왜 그래……." 코맹맹이 목소리로 말을 걸었습니다. 나선인 나의 애교에 무척 약하거든요. 처음엔 시큰둥한 표정을 지었어요. 하지만 마음이 조금 풀어졌는지 금방 표정이 바뀝니다. 확실하게 마음을 풀기 위해 옆에 앉은 나선이의 어깨에 살짝 얼굴을 기댔어요.

　"으이구!"

　"홍나선, 정현지! 선생님이 안 계셔도 지금 수업 중이거든."

이런! 수렴이의 레이더에 저와 나선이가 딱 걸려 버렸네요. 조용히 한다고 한 건데. 그래도 조용히 떠든 것도 떠든 것이지요. 조용히 해야겠습니다. 나는 수렴이에게 어색한 웃음을 지었습니다. 그리고 조용히 하겠다는 뜻으로 끄덕끄덕 위아래로 고개를 흔들었습니다.

"반장, 우리만 떠든 건 아니잖아. 그리고 다른 애들에 비해 우리 목소리 그렇게 크지 않았거든? 더 시끄럽게 하는 애들도 많은데, 왜 우리야?"

"모두 조용히 하자고 말하려고 하는데 너랑 현지랑 눈에 띄었어. 그래서 말했을 뿐이야."

수렴이에 대한 나선이의 말투가 삐딱합니다. 그래서일까요? 수렴이의 낮은 목소리에서 싸늘한 느낌이 듭니다. 둘이 말을 나누는데 이상하게 내가 긴장이 됩니다. 나는 나선이의 옆구리를 툭툭 치며 말했습니다.

"나선아, 우리가 떠들기는 했잖아. 반장, 조용히 할게."

"그게 아니라……."

나선이의 목에 힘이 들어갑니다. 무슨 말을 하고 싶은지 압니다. 하지만 떠든 것은 떠든 것이니까요. 수렴이에게 따져 봤자 소용이 없는 일입니다. 그리고 괜히 이렇게 말을 주고받다가 수렴이와 나선이의 감정만 더 나빠질 것입니다. 언제나 그렇듯 말다툼으로 바뀔 수도 있고요.

"드르륵."

교실 앞문이 열립니다. 일을 다 보고 오셨는지 담임선생님이 들어오셨어요. 다행이라는 생각이 머릿속을 스칩니다.

"다들 조용히 하고 있었지요?"

담임선생님의 목소리에 우리 반 모두는 언제 떠들었냐는 듯 "네에!" 하고 외쳤어요. 지그시 웃는 담임선생님의 표정에 마음이 더 뜨끔합니다. 사실 선생님도 알고 계시겠지요. 우리가 틈이 생기면 조용히 있을 아이들이 아니라는 사실을요.

"수업을 이어 하기 전에, 얼마 있으면 대통령 선거 있는 거 다들 알고 있죠? 여러분은 아직 투표권이 없어서 선거에 직접 참여하지 못하지만 이번 선거를 관심 있게 지켜보았으면 좋겠어요. 그날 하루 학교 오지 않는다고 좋아만 하지 말고요."

선거일에 쉰다는 소리에 우리 반 모두는 기분 좋게 웃었습니다.

"여러분이 부모님께 꼭 선거에 참여하시라고 말씀드리세요. 그럼, 이제 수업을 시작할까요?"

"저, 선생님."

뒤의 모둠에서 들려오는 목소리에 고개를 돌렸습니다. 누군가 손을 들고 있습니다. 수렴이입니다.

"드릴 말씀이 있는데요."

"뭔가요?"

"그냥 이번 선거에 관심만 가지는 것보다 실제로 모의선거를 해 보았으면 합니다. 비록 모의선거지만 진짜 선거와 비슷한 틀을 가지고 해 보면 많은 도움이 될 것 같은 생각이 들어요."

뜬금없이 모의선거라니요? 수렴이의 말에 반 아이들이 술렁술렁합니다. 2학기 다 끝나가는 즈음인데, 방학도 멀지 않았는데 선거를 준비하자니? 수렴이의 의견이 참 엉뚱합니다.

"으음……. 그거 좋은 생각인데!"

엉뚱한 의견에 선생님은 야릇한 표정을 지으시면서 수렴이의 의견에 동의하셨어요.

"그런데 실제와 비슷한 모의선거를 준비하려면 꽤 힘들 텐데?"

"모의선거에 대한 자세한 일은 수업 끝나고 따로 말씀드릴게요."

"그래? 그럼 한번 멋지게 해 볼까요? 모의선거를 준비하는 시간도 필요할 테니…… 선거 기간은 2주 정도로 잡읍시다. 다다음 주 이 시간에…… 아, 대통령 선거일 다음 날이군요. 그래요. 2주 후 이 시간에는 모의선거를 해 보도록 합시다."

순식간에 담임선생님의 허락이 떨어졌습니다. 반 아이들 모두가 수렴이를 의아한 눈으로 쳐다보았어요. 나도 그렇고요. 갑자기 모의선거라니? 수렴이는 왜 이런 일을 벌였을까요?

"딩동댕동."

수업종이 울립니다. 종소리와 함께 이번 수업 시간이 끝났습니다. 다음 시간은 음악 시간이라 음악실로 자리를 이동해야 합니다. 나선이가 벌떡 일어나 좋은 자리를 맡겠다며 후다닥 교실을 뛰어나갔어요. 나도 음악책과 필기도구를 들고 막 교실을 나서려는 순간이었습니다.

"정현지."

누군가 내 이름을 불렀어요. 목소리가 난 방향으로 몸을 트니 수렴이가 서 있습니다.

"나 불렀어?"

"응, 할 말이 있는데…… 네 도움이 필요해서……."

도움? 글쎄요, 내가 수렴이를 도와 줄 일이 있을까요?

"다음 주에 있을 모의선거에 네 도움이 꼭 필요해서 말이야."

아, 이번 시간에 말한 모의선거 준비를 말한 것이었군요.

"지난 학예회 때 보니 너 손재주가 있는 것 같아서. 왜 그때 네가 만든 초청장, 정말 잘 만들었더라. 다른 친구들한테 물어보니 네가 그림이나 소품 같은 것들을 잘 만든다고 하더라. 그래서 이번 모의선거 준비할 때에 필요한 몇 가지 소품을 만들어 달라고 부탁하려는데……."

"어떤 것을 만들려고?"

"인물 포스터랑 투표용지 같은 소품을 만들어 주었으면 해서."

지난 번 학예회 때 만든 초청장은 여러 번 만들어 본 것이라 자신 있지만, 모의선거에 관한 물건이라……. 만들어 본 적이 없는 소품이어서 확실하게 대답할 수 없을 것 같네요.

"음, 지금 딱 부러지게 대답할 수 없을 거 같은데 어쩌지?"

내 말을 들은 수렴이는 실망한 표정을 지었어요. 생각이 많아진 얼굴입니다. 수렴이의 얼굴을 보니 마음이 무겁습니다. 잠깐 동안 말을 하지 않고 있던 수렴이가 입을 엽니다.

"그럼 조금 생각해 보고 대답해 줄래? 정말 네 도움이 꼭 필요

해서 그래. 사실은⋯⋯."

사실? 수렴이가 무언가 중요한 말을 꺼낼 것 같습니다.

"최수렴!"

언제 교실로 다시 돌아왔는지 음악실에 갔던 나선이가 내 옆에
서 있습니다. 아주 못마땅한 얼굴을 하고 있네요. 나선이는 수렴
이를 살짝 노려보았어요.

"모의선거도 네 맘대로 정해서 허락 맡고 일은 왜 현지한테 시
키려고 해?"

갑자기 끼어든 나선이 때문에 수렴이가 당황한 듯합니다. 어이
없다는 표정 같기도 하고. 아무튼 나와 이야기할 때와는 다르게
수렴이의 표정이 싸늘하게 굳어 버렸어요.

"나 지금 정현지와 이야기 중이거든. 홍나선, 잠시 빠졌으면 좋
겠어."

딱딱한 수렴이의 태도에 기가 막혔는지 나선이는 앙칼진 목소
리로 수렴이에게 따졌습니다.

"네가 하기로 했으면 준비부터 혼자 알아서 해야지. 왜 도움을
청하고 그래? 반 친구들이랑 한 마디 말도 나누지 않고서 말이야."

커진 나선이의 목소리에 아직 음악실로 가지 않던 친구들이 수군거립니다.

"맞아. 수렴이는 갑자기 모의선거 같은 거 하자고 해서……."

수군거리는 소리를 들은 수렴이 얼굴이 빨개집니다. 나선이는 나선이 대로 씩씩거리고 있고, 이럴 때는 어떻게 하는 것이 좋을까요?

"홍나선, 다 이유가 있어서 하는 거야!"

수렴이의 목소리가 한층 커지고 살짝 떨리기까지 하네요. 평소의 모습이 아닙니다. 행동이나 말이 늘 들뜨지 않고 차분한 수렴이인데.

"선생님한테 잘 보이고 싶어서 네 마음대로 정한 거 아냐!"

"나선아, 왜 그래?"

이러다 수렴이와 나선이 사이에 싸움이 일어날지도 모르겠네요. 어떻게든 빨리 나선이를 데리고 음악실로 가야 할 것 같아요.

"야! 홍나선!"

마음에 담아 둔 말을 참지 못하는 나선이 때문에 결국 수렴이가 폭발하고 마는군요. 얼굴은 빨갛게 달아오르고 숨도 거칠게 내 쉬는 수렴이의 모습은 처음 봅니다.

"왜 그래? 수렴아."

"반장, 무슨 일이야? 응?"

"홍나선, 화내지 말고 말로 해. 말로."

반 친구들이 나와 나선이, 수렴이 주위로 모여듭니다. 몇몇이 수렴이와 나선이 사이를 가로막으며 말했습니다. 얼굴이 빨갛게 달아오르고 큰 소리를 내는 둘을 보며 친구들은 둘이 말싸움을 시작한 것을 알게 되었어요. 말려 보겠다는 친구들을 아랑곳하지 않고, 나선이는 자기가 하고 싶은 말을 계속 뱉어 냅니다.

"왜! 내 말이 틀렸어? 우리한테 모의선거 하겠다고 한 적 있어? 우리랑은 의견도 나누지 않고 네 맘대로 정했잖아. 다른 친구들한테 물어 봐. 다들 나같이 생각하지. 혼자 잘난 체 하는 거잖아!"

"나선, 말이 심하다."

"야야야, 얘들 같이 있게 하다가 정말 큰 싸움 나겠어."

조금 전보다 둘 사이의 흐르는 분위기가 영 좋지 않습니다. 수렴이는 나선이의 말에 대꾸를 하지 않았어요. 다만 '후후' 숨을 크게 들이마시고 내쉬기를 되풀이합니다. 부들부들 떨고 있는 수렴이의 꽉 쥔 주먹이 눈에 들어옵니다. 화가 정말 많이 났나 봐요.

"내 말이 틀려? 잘난 척 반장!"

"뭐라고?"

수렴이의 표정이 있는 대로 찌그러집니다.

"나선아, 나선아, 그만해."

계속 두었다간 더 크게 싸움이 날 것 같아, 나는 나선이의 팔을 잡고 힘껏 끌어 당겼습니다.

"그래, 현지야. 얼른 나선이 데리고 나가. 여기 있다가 진짜 싸움 나겠어."

"담임선생님 아시면 어쩌려고 그래? 홍나선, 최수렴. 그만해. 둘 다."

나선이와 수렴이를 에워싸고 있던 친구들이 각각 다른 방향으로 끌고 갑니다. 교실에 친구들이 남아 있지 않았다면 이 둘은 어떻게 되었을까요? 나 혼자 둘을 말릴 수 없었을 겁니다. 친구들이 있어 너무나 다행입니다.

씩씩대는 나선이와 수렴이. 더 말을 주고받지는 않았지만, 둘은 서로를 잡아먹을 듯 노려봅니다.

"나선아, 얼른 가자. 수업 시작하겠어. 그리고 수렴아, 나중에 이야기하자. 얼른 가자, 모두."

"그래, 수업 늦겠다. 얼른 가자."

"늦으면 혼날 거야. 자, 얼른 가자."

친구들이 저마다 한마디씩 보탭니다. 수렴이와 나선이의 화가 조금이라도 누그러졌으면 하는 마음 때문이겠지요.

"딩동댕동"

수업을 시작하는 종소리입니다. 이렇게 종소리가 반가운 적은 처음입니다. 고맙다, 종아. 선생님께서 음악실에 들어가시기 전에 얼른 뛰어가야겠습니다.

2 고민 시작

마치 무거운 돌이 내 가슴을 꾸욱 누르고 있는 듯 답답해요. 그리고 머릿속은 어질러 놓은 내 방처럼 복잡합니다. 숨을 크게 쉬어도 답답함이 가시지 않아요. 머리를 마구 흔들어도요. 어휴, 한숨만 나올 뿐입니다.

"현지야?"

누군가 내 어깨를 잡습니다. 고개를 돌려 보니 고모가 옆에 와 계셨어요.

"풀이랑 테이프 좀 빌리러 왔는데, 무슨 생각에 그렇게 빠져 있는 거니? 고모가 세 번이나 불렀는데 꼼짝도 않고……."

고모는 내 얼굴을 빤히 쳐다봅니다.

"아, 풀이랑 가위요?"

서랍을 열어 풀이랑 가위를 찾아봅니다.

"애 봐라. 아니 정신을 어디다 둔 거니. 우리 똘똘한 조카는 어디가고 웬 얼빠진 사람이 앉아 있나요?"

"네?"

"풀이랑 테이프 빌리러 왔다고. 근데 너 정말 무슨 일 있는 것 아냐?"

"아니, 그게……."

오늘 있었던 일을 고모에게 말해도 될까요? 고모는 어른이니까 내 마음의 짐을 벗어 놓을 수 있는 방법을 알려줄 지도 모르겠습니다. 나의 이런 생각을 고모가 알았는지 말씀하셨어요.

"이 고모가 나름 인생의 해결사 아니니? 말해 봐, 말해 봐."

"그게, 고모……."

망설이다가 나는 오늘 학교에서 있었던 일을 이야기 하게 되었습니다.

수렴이와 나선이의 말다툼은 청소 시간쯤에는 모두가 아는 사건이 되어 버렸습니다. 물론 담임선생님은 오늘의 사건을 모르시죠. 모의선거 준비 때문에 말다툼이 일어났다는 이야기를 들으시면 우리에게 많이 실망을 하실 거예요.

하루 종일 나선이와 수렴이의 얼굴은 마주할 때마다 찬바람이 쌩쌩 돌았어요. 여기에 모의선거로 다툼이 있었던 것을 안 반 아이들은 모의선거 찬성과 반대로 나뉘었답니다. 모의선거를 하자 말자 하며 저마다 자기의 주장을 세우고 있습니다. 그래서 반 분위기는 더 어수선하고 시끌시끌해졌답니다.

나한테 도움을 청한 수렴이와는 이야기를 하지 못했답니다. 나선이 일도 있고 해서 수렴이와 이야기 할 시간을 만들 수가 없었어요. 종례시간이 되었고 청소하기 바빴지요. 그리고 바로 학원으로 가야 했어요.

나의 고민은 나선이와 함께 학원가는 길에 시작되었어요. 학원가는 길 내내 나선이는 기분이 좋지 않았어요. 수렴이와의 일 때문이었지요.

"최수렴, 정말 잘났어! 왜 그렇게 제멋대로야. 왜 일은 자기가 만들어 놓고 너보고 하라고 그러는 거니? 반장이면 다야!"

마음에 앙금이 많이 남았는지 나선이는 계속 화를 내며 씩씩거렸어요. 나선이가 나를 생각해서 수렴이와 말다툼을 했다는 건 충분히 압니다. 모의선거 일을 하면서 힘들어 할까 봐 일부러 나서 준 것을요.

"너무 화내지 마. 내가 일을 하겠다고 한 것도 아닌데……."

"그래도 그렇지."

도움을 청한 수렴이가 나쁘다고는 생각되지 않습니다. 모의선거에 꼭 참여해야 한다는 강요가 아니라 부탁이었으니까요. 내 의견을 물어 본 것뿐이었으니까요.

"그런데 현지야, 너…… 수렴이 도와줄 거야? 정말?"

으음…… 아직 수렴이와 자세한 이야기를 나누지 못해서 나선이에게 이렇다 저렇다 대답을 해 줄 수 없었어요. 모의선거 일을 도와줄지 말지는 나중에 생각해도 될 것 같았어요.

"글쎄…… 아직 생각 중이야."

"생각하고 말고 할 게 있어? 도와주지 마. 반 애들도 별로 좋아하지 않는 것 같은데 말이야. 네가 도움을 주지 못하겠다고 한다면 수렴이도 선생님께 모의선거 못하겠다고 하겠지. 아니면 혼자서 준비하던가. 마음대로 일을 만들었으니 책임지라고 해."

"……"

대답이 없자, 나선이가 나를 뚫어지게 쳐다보았습니다.

"현지야, 이번 부탁 들어 주지 마. 너만 힘들 게 뻔히 보여. 유치원부터 단짝인 내 말을 믿어 봐."

"저, 그게 나선아……"

무슨 말이라도 해야 할 것 같았습니다. 그래도 수렴이와 이야기를 해 보아야 하지 않을까요? 무작정 안 한다고 하기엔 찜찜한 느낌이 들었어요. 나선이는 우물쭈물하는 나에게 말했습니다.

"이번 일 정말 하지 마. 일은 네가 하고 분명 칭찬은 수렴이만 받을 테니까. 이건 아니야. 절대 하지 마. 안 할 거지? 응?"

나선이의 물음에 쉽게 답이 나오지 않았어요. 바로 대답을 안해서 일까요?

"우리의 7년 우정을 걸고 약속하기야."

이렇게 일방적으로 말하고 나선이는 학원 수업을 받으러 가 버

렸습니다. 장난 같았지만 마지막 말에 진심이 담겨 있음을 느낄
수 있었어요. 갑자기 머리가 복잡해졌습니다. 나는 아무 말도 못
하고 그 자리에 한참 서 있었습니다.

"그래⋯⋯. 우리 현지에게 오늘 정말 많은 일이 있었구나."

고모가 안쓰럽게 쳐다보십니다. 나의 고민을 들었으니 고모가
무슨 말씀을 해 주시겠죠? 어려운 수학 문제 같은 오늘의 고민을
말끔하게 해결해 주시면 좋을 텐데요.

"정말 머리가 아프겠구나. 나선이와 반장 사이에서."

"머리도 복잡하고 마음도 너무 답답해요, 고모, 고모라면 어떻
게 하시겠어요? 나선이가 마지막에 한 말이 너무 신경 쓰여요."

고모가 무슨 말씀인가 하시려다 나를 한참 쳐다보았어요. 아마
도 이 문제를 확실하게 해결해 줄 답을 생각하시는 게 틀림없습니
다. 잠시 후 생각이 정리되신 듯합니다. 고모가 미소를 지으셨어
요. 분명 내 고민에 대한 해답일 것입니다.

"고모랑 함께 바람이나 쐬러 갈까? 토요일에."

고모께 답을 원했는데, 엉뚱하게도 갑자기 어딘가로 가자고 하
시네요.

"고모, 저는요⋯⋯."

"학교에서의 일은 아직 생각할 시간이 충분하잖니? 답답한 마음이나 풀 겸 이번 주에 고모 취재하는 데 함께 가자."

우리 고모는 신문사 기자입니다. 주로 문화와 여행에 관한 글을 많이 쓰십니다. 그래서 우리나라 여러 곳을 다니세요. 좋은 곳이 있으면 간혹 나를 데려가시고는 했어요. 이번도 그런 경우인가 봅니다. 하지만 나는 지금 어디를 갈 기분이 아닙니다.

"여행 갔다 오면 분명 생각이 잘 정리될 거야. 고모를 믿고 함께 가자."

다정한 고모의 목소리에 나도 모르게 "네" 하고 대답을 하고 말았어요.

"그런데 이번에 가는 곳이 어디에요?"

고모는 방긋 웃으셨어요.

"음…… 이번엔 비밀로 하고 싶은데……."

"그래도 어딘지 알고 가야죠?"

"조금 힌트를 준다면, 누구를 만나러 어느 마을에 갈 거란다."

"누구를 만나러요?"

"하늘이 낸 사람."

'하늘이 낸 사람'이라니?

고모의 엉뚱한 말에 고개가 갸우뚱합니다.

3 하회마을에 가다

눈을 떠 보니, 어느새 날이 환히 밝았습니다. 집을 출발할 때만 해도 어두컴컴했었는데. 고모는 앞만 보고 열심히 운전 중이세요. 시간을 보니 꽤 오랜 시간을 달려왔습니다. 뒷좌석에서 잠들었던 것이 죄송했어요. 예전에 아빠와 엄마가 하시는 말씀을 들었는데 운전 중에 운전자 혼자 두고 잠이 들면 안 된다고 하셨어요. 운전자도 자고 싶은 생각이 든다나요. 그래서 졸음운전도 할 수 있게 된다고 하셨지요. 자동차 안에서 잠을 안 자려고 애썼는데 말입니다. 나도 모르게 잠이 들었나 봐요.

차가 커브를 돌자 나선이가 내게 기댑니다. 옆에는 아직 나선이가 깊이 잠들어 있습니다. 나선이도 이번 여행에 함께 하기로 했거든요. 출발하기 전날 고모가 갑자기 나선이도 함께 가자고 하셨어요. 고모가 취재하는 동안 나 혼자 있으면 별로 재미없을 것 같다고 하시면서 말이에요.

나선이에게 연락하니 흔쾌히 같이 가겠다고 했습니다. 이번 주는 노는 토요일이었고, 마땅히 할 일도 없어서 무엇을 할지 고민 중이었다고 말하면서요.

"일어났어? 아직 더 가야 하는데."

움직임을 느꼈는지 운전석 앞 거울로 고모는 우리를 확인하셨어요.

"오래 운전하셔서 피곤할 것 같아요, 고모."

"이 정도야, 뭐. 그나저나 배고플 것 같다. 서둘러 출발하느라고 아침밥도 대충 먹어서. 조금만 더 가면 목적지니까 조금만 더 참을 수 있지?"

나는 고개를 끄덕였습니다.

"여기가 어디에요?"

고모와 내 목소리에 나선이가 눈을 뜹니다.

"아함."

나선이는 크게 하품을 하고 창밖의 풍경을 한번 훑어봅니다. 그러다 무엇인가를 보았나 봅니다.

"으응, 거의 다 왔구나."

"나선아, 우리가 어디 가는지 알아?"

"네!"

나선이가 자신 있게 말했어요.

"우리가 가는 곳이 어딘데?"

고모가 다시 한 번 묻습니다.

"우리 하회마을 가는 것 아니에요?"

"어? 알고 있네. 어떻게 알았니?"

나선이와 나는 서로의 얼굴을 바라보면 씨익 웃습니다.

"고모가 힌트를 주셨잖아요. '하늘이 낸 사람'을 만나러 간다고. 너무 궁금해서 인터넷에 고모가 하신 말을 검색창에 써 넣었어요. 그랬더니 많은 정보가 뜨던데요. 그 중에서 '하늘이 낸 사람'이라는 말과 함께 '유성룡'이란 인물이 나오더라고요. '유성룡'을 다시 검색했더니 안동 하회마을이 나오더라고요. 그래서 고모가 이번에 취재하러 가는 곳이 하회마을이라고 생각했죠."

"방금 전에 안동 하회마을이라고 쓰여 있는 걸 보기도 했어요."

나선이가 옆에서 한 마디 거듭니다.

"와! 현지랑 나선이 정말 똑똑하구나. 누가 친구 아니랄까 봐 둘이 똑같이. 너희들은 정말 친구다, 친구."

고모의 말에 우쭐한 기분이 듭니다. 괜히 7년 단짝이 아니라니까요. 척하면 척하고 통하는 사이. 아무튼 오늘은 기분이 정말 좋습니다. 고모의 말씀대로 여행을 따라나서기를 잘한 것 같아요.

"유성룡이란 분이 '하늘이 낸 사람'이에요? 이번에 고모가 만나야 한다는?"

"그렇단다."

"무슨 일을 하신 분이세요?"

"그것까진 알아내지 못했나 보네. 궁금한 김에 더 알아보지. 비밀로 한 하회마을을 알아내서 100점짜리 학생인 줄 알았더니. 이거 50점으로 반 뚝 깎아야겠다."

이런, 한껏 아는 체했는데. 마을 이름만 알아오지 말고 다른 자료도 더 찾아 올 걸 그랬나 봐요.

자동차는 한참 달리다가 넓은 주차장에 멈췄습니다.

"자, 도착했어. 여기가 안동 하회마을이야."

고개를 돌려 보니 탁 트인 마을이 보입니다. 얼핏 강도 굽이굽이 흐르고 있고, 멀리 절벽 같은 언덕도 보입니다. 차에서 내리니 맑고 시원한 공기를 느낄 수 있었어요. 전체적으로 조용하고 차분한 분위기가 감도는 것 같습니다.

고모는 시계를 들여다보며 오늘의 일정을 생각하시는 것 같았어요.

"약속 시간이 많이 남았네. 우선 밥을 먹고 움직이도록 하자."

고모는 우리를 데리고 마을 안의 어떤 초가집으로 들어갔습니다.

초가집 안에는 꽤 많은 사람들이 식사를 하고 있었어요. 우리도 초가집의 한 방을 차지하고 앉았답니다. 고모는 우리에게 안동의 유명한 음식을 한번 먹어 보라고 권하셨지요. 음식의 이름은 '헛제삿밥'과 '간고등어'예요. 간고등어는 기차를 탈 때, 특산물이라면서 파는 것을 본 적이 있습니다. 그런데 '헛제삿밥'이라고는 처음 들어봅니다.

"제사 음식 먹어 봤지? 굳이 제삿날이 아니어도 먹을 수 있는 제사 음식이라고 생각하면 돼."

주인아주머니가 오시더니 고모께 선물이라고 합니다. 먼저 음식 값을 내야 한다고 하네요. 고모는 지갑에서 돈을 꺼내 아주머니께 드립니다. 그러다 갑자기 천 원을 꺼내 상 앞에 내려놓으셨어요.

"우리 음식이 나오는 동안 아까 하던 얘기를 이어서 해 볼까? 50점짜리 소녀들."

우리는 고모를 보고 멋쩍게 웃었어요. 아까 괜히 아는 체했나 봅니다.

"천 원에 그려진 인물이 누구인지 아는 사람?"

지폐에 위인이 그려진 것은 잘 알고 있었지만 막상 고모의 물음에 선 듯 답이 나오지 않습니다.

"아, 생각났다. 퇴계 이황. 맞죠?"

"딩동댕!"

이 대답으로 50점에서 더 깎이진 않을 것 같네요.

"이 분이 오늘 고모가 만나러 온 사람의 스승님이시란다."

"아까 말씀하신 유성룡이란 분이 퇴계 이황의 제자인 거예요? 와, 유명한 선생님한테서 배우셨구나. 그래서 유명하신 거예요?"

"물론 이황의 제자여서 유명하기도 하지만 워낙 능력이 있는 분이셨단다. '하늘이 낸 사람'도 퇴계 이황이 유성룡의 뛰어난 재능을 보고 칭찬하신 말이란다."

"어느 면에서 그렇게 뛰어나셨는데요? 사실 이분 이름 처음 들어 봤어요."

나선이는 유성룡이란 인물에 호기심을 느끼는 듯합니다. 사뭇 진지한 태도로 고모께 질문 하는 것을 보니 말입니다.

"임진왜란 알지?"

"네!"

임진왜란. 아는 말을 들으니 참 반갑습니다. 임진왜란은 6학년 사회 시간에 배웠습니다. 물론 배울 때 어려운 부분이 많았지만요. 학교에서 배웠으니 고모의 질문에 조금이라도 대답은 할 수 있을 것 같습니다.

"임진왜란 때 왜군을 물리친 유명한 장군. 거북선으로 임진왜란을 승리로 이끈 사람은?"

"이순신 장군!"

"맞았어. 잘들 아는 구나. 이순신 장군이 임진왜란 때 많은 공을 세우셨지. 하지만 만일 이순신이란 사람이 없었다면 어떤 일이 일어났을까? 생각해 본 적 있니?"

이순신 장군이 없었다면? 한 번도 그런 생각을 해 본적이 없습니다. 임진왜란 하면 자연스럽게 이순신 장군을 떠올렸어요. 그리고 이순신 장군의 활약으로 임진왜란이 끝났다고 알고 있었어요. 고모는 왜 이런 질문을 하시는 걸까요? 알 수 없네요.

"물론 이순신 장군도 매우 뛰어난 능력을 가진 분이셨지. 하지만 그 능력을 알아보지 못하고 쓰지 못했다면 역사가 바뀌었을지도 몰라."

어렵다는 표정을 지을 수밖에 없네요. 사실 잘 이해도 안 되고요. 지금 나선이도 같은 생각일 테죠. 고모는 우리의 생각을 아셨는지 방긋 웃으셨어요.

"유성룡은 이순신 장군의 능력을 알아보고 임진왜란을 막는 중대한 임무를 맡겼단다. 둘은 친한 친구이기도 했어. 친구의 능력을 믿었기 때문에 이순신 장군을 나라에 추천했지. 사실 많은 사람들이 이순신 장군이 임진왜란에서 나라를 구할 수 있을까 의심해서 반대하는 의견도 많았단다. 하지만 유성룡은 끝까지 이순신 장군을 믿었지. 결국 유성룡의 판단은 옳았고 말이야."

"유성룡이라는 분이 높은 자리에 계셨나 봐요?"

"재상이셨어."

"재상이요?"

"혹시 이런 말 들어 봤는지 모르겠구나 '일인지하 만인지상(一人
之下 萬人之上)'."

처음 들어 본 말입니다. 한자가 나오니 머릿속이 들썩들썩 하네
요. 우리의 얼굴 표정이 일그러집니다.

"호호호. 인상들 풀어. 잘 모르겠다고 얼굴에 쓰여 있네. 그럼
고모가 멋지게 설명을 해 볼까. 이 말을 풀이하면 '위로는 오직
임금 한 분만 있고 모든 백성이 그 아래에 있다'는 뜻이야. 왕이
나라를 다스리던 시대에 왕 다음의 자리라고 생각하면 돼."

"아! 그렇구나."

우리는 귀를 쫑긋 세워 고모의 설명을 듣습니다. 쉽게 설명해
주셔서 그런지 내용이 쏘옥 머리에 들어옵니다.

"재상은 임금과 함께 나랏일을 결정했단다. 나랏일을 하는 여러
기관들과 관리들에게 지시를 내리고 감독도 했어. 많은 사람들을
관리하고 감독하면서 나랏일을 결정하려면 뛰어난 능력을 가지고
있어야겠지? 생각해 봐. 평화로울 때도 재상은 많은 일을 해결해
야 했지."

"나라가 평화로울 때도 일이 많은데 전쟁이 일어났을 때 재상이

되면 머리가 완전 터질 것 같아요."

"그렇지. 그런데 유성룡은 임진왜란 때 재상을 하셨으니 얼마나 뛰어난 능력을 가지신 분이었겠어? 간단한 예를 들자면, 음……조금 전에 말한 이순신 장군의 일을 생각해 봐. 사람의 능력을 정확히 알고 기회를 준다는 건 쉬운 일이 아니거든."

사람의 능력을 알아보고 기회를 주다니. 유성룡이란 분이 정말 뛰어난 판단력을 가진 분이신가 봅니다.

"주문하신 음식 나왔습니다."

천 원짜리 지폐를 시작으로 이야기를 하다 보니 음식을 잠시 잊고 있었네요. 한 상 가득 차려진 음식을 보니 배가 더 고파집니다.

"맛있게 먹겠습니다!"

나물 요리가 많아 밍밍하고 심심해 보여서 맛이 없을 줄 알았는데 의외로 구수하고 담백한 맛이 일품입니다. 간고등어도 짭짤할 줄 알았는데 의외로 담백하고 너무나 맛있습니다. 금세 나선이와 나는 밥 한 그릇씩을 뚝딱 해치웁니다.

고모를 따라 오래된 옛날 집에 갔습니다. 역사를 다루는 TV드라마에서 보던 양반집과 같습니다. 실제로 눈으로 보니 훨씬 오래

되고 낡았습니다. 하지만 뭐랄까. 어딘가 모르게 아름답고 편안한 느낌이 들었습니다.

"아, 취재 나오신 정 기자님이시죠? 기다리고 있었습니다."

누군가 고모를 부릅니다. 고모의 일과 관련된 분이신가 봅니다. 고모는 나와 나선이 보고 구경하고 있으라는 말과 함께 일을 하러 다른 곳으로 갑니다.

우리는 여기저기를 둘러보다가 지금 우리가 와 있는 집의 이름이 '충효당'임을 알았습니다. 어떻게 알았느냐면 우리 앞에 보이는 안내문에 이렇게 쓰여 있었거든요. 헤헤.

충효당(忠孝堂)

하빈면 묘리(河濱面 妙理) 소재의 충효당(忠孝堂)은 인조(仁祖) 22년(1644) 충정공 박팽년(忠正公 朴彭年)의 7대손인 금산군수 숭고 (金山郡守 崇古)가 별당(別堂)으로 건립한 것으로 그 후 충효당으로 개칭하여 청년에게는 충과 효를 지도하고 예와 악을, 궁도와 마술 등을 실습시키며 부녀자에게는 법도를 가르쳤다고 하며 원래 이 건물은 정면 5칸 측면 2칸이었으나 1995년에 후손 우순(禹淳)이 이곳으로 옮겨 돌출된 누마루를 부설하고 현재의 모양과 같이 개축하였다.

"우리는 임진왜란하면 이순신 장군밖에 떠오르지 않았는데 이런 분도 있었구나."

"그러게. 나도 처음 알았어."

"이름이 정말 특이한 책도 쓰셨네. 징비록? 제목 진짜 희한하다. 징글징글한 비밀을 쓴 책이라는 건가?"

진짜 뜻은 모르지만, 책 제목 해석에 큰 웃음이 났습니다. 재미있는 나선이. 이래서 내가 나선이를 좋아할 수밖에 없습니다.

"참, 수렴이한테 안되겠다고 이야기는 했어?"

아, 잊고 있었습니다. 나중에 다시 이야기해 보자고 하고서는 어제도 이야기를 하지 못했네요. 이런…… 어쩌죠?

"아직."

"수렴이 그 잘난 척. 이상해. 나랑 전날 그렇게 말다툼 했잖아. 할 말이 있다고 날 불러내더라. 지난 번 일로 다시 말싸움 시작하나 생각했는데 너한테 꼭 모의선거 도와달라고 말해 달래나. 중요한 일이니까. 나랑 감정은 안 좋지만 우리 반을 위해서 정말 꼭 필요한 일이라면서."

"수렴이가?"

나선이의 말처럼 수렴이는 이상합니다. 만나면 으르렁거리는 나선이를 만나 모의선거 일을 도와주는 걸 잘 말해 달라니? 도대체 수렴이는 무슨 생각을 하고 있는 걸까요?

"너랑 내가 무척 친하다는 거 알아서 그런 거겠지. 내가 도와주지 말라고 하니까. 하여간 잘난 척은. 나랑 사이도 안 좋으면서 너한테 말 좀 잘 해 달라고 하다니. 진짜 이해 안 돼. 나는 개처럼 못해. 아니지. 담임선생님께 잘 보이려면 그럴 수도 있겠다. 잘난 척쟁이."

수렴이의 이야기를 하는 동안 나선이의 표정은 떫은 감을 씹은 표정입니다.

"우리 반을 위하긴 뭘 위해! 말이라도 못하면…… 아무튼 현지야, 전화해서 확실히 거절해. 수렴이 얘기는 이제 그만하자. 좋은 곳에 왔는데 기분 망치겠어."

모의선거와 수렴이의 부탁을 제대로 거절하지 못하는 내 모습을 보고 나선이는 답답함을 느꼈나 봅니다. 나선이의 태도가 강하게 느껴집니다.

"저기 사람들 굉장히 많다. 우리도 가 보자. 현지야."

우리는 '충효당' 안을 이리저리 돌아다니다 '영모각(永慕閣)'이라는 곳에 왔습니다. 영모각 앞에는 많은 사람들이 있었습니다. 나선이와 나는 사람들을 한참 쳐다보았어요. 나이가 우리보다 더 많아 보였습니다. 고등학생 오빠들 같아 보이지 않고 그 보다 더 나이가 있어 보였습니다.

"여기는 영모각입니다. 현판(글자나 그림을 새겨 문 위나 벽에 다는 널조각)을 보면 '영원히 애틋하게 생각하다'라는 의미를 알 수 있죠. 이곳에는 유성룡의 책과 유품 등이 보관되어 있습니다. 자, 실제로 유품을 보고 나서 자세한 이야기를 하도록 합시다."

"네, 교수님."

우르르. 덩치고 크고 키도 큰 오빠들이 영모각으로 들어갑니다.

"우리도 따라 들어가 보자."

내 손을 이끌고 나선이가 영모각으로 들어갔습니다. 안에는 아까 그 오빠들 말고도 많은 사람들이 있었어요. 우리는 북적거리는 사람들을 요리조리 피하며 이 안에 무엇이 있나 살펴보려고 무척 노력했어요. 하지만 집에 비해 너무 많은 사람들이 들어왔나 봐요. 유품이 전시되어 있다는 유리 앞에는 너무나 많은 사람들이 있어서 잘 보이지도 않았어요.

"나선아, 이래선 하나도 제대로 못 보겠다. 있다가 사람들이 빠지고 나서 다시 보는 게 어때?"

"그럴까? 사람이 많아서 그런가? 공기가 별로 안 좋다. 그래. 네 말대로 이따가 다시 오자. 나가자, 여기서."

마당으로 나오니 나무 한 그루가 눈길을 사로잡습니다. 표지판도 있고. 무슨 사연이 있는 나무인가 봅니다. 가서 읽어 보니 영국 여왕인 엘리자베스 2세가 안동 하회마을 방문한 기념으로 심은 나무라고 합니다.

"네 고모 덕분에 오늘 좋은 구경 많이 한다. 함께 오자고 해서 고마워. 새로운 사람도 배우고, 감동도 받고."

"감동까지야……."

"아냐. 나 오늘 유성룡이란 사람을 알고 놀라운 사실을 많이 알게 됐어. 그 중에서도 친구인 이순신 장군의 능력을 알아봐 주고 끝까지 믿어 주었다는 사실이 정말 마음에 남아. 집에 돌아가면 유성룡과 이순신 사이에 대해 자세히 알아봐야겠어."

이번 여행이 나선이에게는 매우 도움이 된 것 같습니다. 물론 이런 나선이의 모습을 보니 나도 복잡하고 답답한 마음이 한껏 사라집니다.

"이순신을 끝까지 믿어 준 유성룡처럼, 무슨 일이 있어도 우리 서로 끝까지 믿어 주기로 약속하는 거다!"

나선이가 뜬금없이 외칩니다. 지나가는 사람들이 한 번씩 고개를 돌려 우리를 쳐다보네요. 아이참.

지나가는 한 언니에게 기념사진을 찍어 달라고 부탁합니다. 충효당 앞에서 나와 나선이는 다정히 손을 잡고 사진 찍을 자세를 취합니다.

"하나, 두울, 셋! 환하게 웃어라!"

'찰칵.'

유성룡의 탄생

유성룡은 1542년 10월 경상도 의성현 사촌리에서, 황해도 행정을 다스리는 책임자로 지낸 아버지 중영과 안동 김씨 어머니 사이에서 태어났어요. 아버지 중영은 특히 성품이 강직했던 인물로, 아버지의 혈통이 그대로 유성룡에게 이어진 것으로 보입니다.

유성룡의 본가는 안동부 풍산현 하회리이고, 본관은 풍산이며 자는 이현(而見), 호는 서애(西厓)라 하여 지금도 흔히들 유성룡을 서애 선생이라 부르고 있어요. 유성룡 6대조 때에 풍산현 내에서 지금의 하회마을로 이주했어요. 하회(河回)라는 말은 물이 돌아간다는 뜻이에요. 하회에는 낙동강 줄기가 마을을 휘감고 흐르고 있으며, 산들이 병풍처럼 마을을 둘러싸고 있답니다. 특히 옥연정사는 낙향한 유성룡이 말년에 임진왜란을 경계하기 위해 《징비록》을 지은 장소입니다.

　유성룡은 태어나면서부터 매우 총명하여 이미 6세에 사서의 하나인 《대학》을 익혔다고 해요. 21세가 되던 해에는 퇴계 이황의 문하생으로 제자가 되었어요. 유성룡의 인품과 학문을 익히 알아 본 퇴계 선생은 그를 '하늘이 내린 사람' 이라고 칭찬하였다고 해요.

　유성룡은 관직 생활의 대부분 조정의 중요한 직책을 차례로 지내면서 국정의 크고 작은 일에 관여했어요. 유성룡은 30여년의 관직생활을 하는 동안 10년을 재상의 지위에 있었으며, 당시 동북아 정세를 정확하게 예측했던 외교관이기도 했어요. 왜란의 징조가 보이던 임진년 이전에 유성룡은 이에 대비할 대책으로 권율 장군을 의주목사에 임명하고, 이순신 장군을 전라좌수사에 임명케 하였어요. 참으로 미래를 내다보는 안목이 뛰어나죠?

　지도력이라 함은 동서양과 시대를 떠나서 자기만의 해석이거나 개인적 콤플렉스이거나 다른 사람을 핑계로 삼지 않는 데 있어요. 탁월한 통치력의 근본은 끊임없는 '자기반성' 과 일종의 '책임의식' 을 요구해요.

지도자로서 유성룡의 존재와 그의 판단력은 현대의 우리에게 시사하는 바가 크다고 할 수 있어요. 당시 조선보다 전력면에서 훨씬 뛰어났던 왜군을 전쟁 후반부에 물리칠 수 있었던 배경은 유성룡의 뛰어난 전략적 배경이 있었기 때문이죠.

임금과 신하는 나라와 백성을 위해 존재한다

 유성룡 같은 의정(議政)은 충성스럽고 남달리 곧으며 인의롭고
독실히 도를 믿으므로 천조(天朝)의 문관·무장이 모두 국왕이
제일 좋은 상신(相臣)을 얻은 것을 경하합니다.

— 선조26년 윤11월 15일, 《선조실록》

1 누구를 뽑지?

안동 하회마을을 떠나 서울로 돌아오니 밤이 되어 버렸습니다. 초겨울이라 그런지 해가 떠 있는 시간이 길지 않았어요. 짧은 여행이었지만 나선이와 나에게는 참으로 의미 있고 행복한 시간이었습니다.

고모는 취재와 먼 거리를 운전하시느라 집에 왔을 때는 완전히 녹초가 되었어요. 엄마께서 맛있게 차린 저녁 식사도 마다하시고 한숨 주무시겠다고 방으로 가셨습니다.

집에 돌아오니 저녁 식사 치곤 늦은 시간이지만 아빠께서는 식사를 하고 계십니다. 오늘은 많이 돌아다녀서인지 무척 배가 고프네요. 뱃속에서 밥 달라고 아우성입니다. 식사 중인 아빠 옆에 앉아 숟가락을 들었습니다. 밖에서 사 먹는 음식도 맛있지만 역시 우리 엄마가 해 주시는 밥과 반찬이 제일 맛있어요.

"현지야, 오늘 재밌었나 보다. 표정이 아주 밝아."

"네! 너무너무 재밌었어요. 신나는 구경도 많이 하고 맛있는 것도 먹고요. 사진도 많이 찍었어요. 하회마을은 정말 멋진 곳이에요."

싱글벙글한 내 표정을 보고 엄마께서 물으십니다.

"아참, 낮에 친구한테서 전화 왔었는데."

엄마께서 갑자기 생각이 나신 듯 말씀하십니다. 음, 누가 나에게 전화를 했을까요? 나선이와 하루 종일 붙어 있었으니 나선이는 아닐 테고요. 정말 누구일까요?

"이름이 특이했는데…… 그게…… 아, 맞다. 수렴이. 최수렴이라는 친구가 전화했어. 너 놀러갔다고 하니까 돌아오면 전화해 달라고 부탁하던데. 그런데 수렴이가 누구니?"

아이코, 잊고 있었어요. 수렴이와 이야기를 했어야 했는데. 계속 이야기할 기회를 놓치고 있었는데. 그런데 사실 수렴이의 부탁에 대한 대답을 아직 준비하지 못했습니다. 어쩌면 좋을지 모르겠어요. 오늘 여행으로 기분이 좋았는데 갑자기 한쪽 마음이 무거워집니다.

"우리 반 반장이에요. 부탁할 일이 있다고 하더니 그것 때문에 전화했나 봐요."

"그래? 얼른 전화해 주어야겠네. 어머, 그런데 오늘은 시간이 많이 늦었구나. 내일 아침 일찍 전화를 해 주렴."

"네."

엄마 말씀에 대답은 했지만, 수렴이에게 무슨 말을 해야 할까요? 도와주겠다고 말할까요? 그럼 나선이는 어떻게 해요? 그렇다고 이유 없이 도와주지 않겠다고 말하기에는 수렴이에게 미안한 생각도 들고요. 도움을 줄 수 없는 핑계를 만들어야 하나요? 이건 내 마음이 허락하지 않네요. 아아, 정말 머리가 아픕니다.

"아니, 여보. 식사하시다 말고 어디 가세요?"

갑자기 숟가락을 들고 일어나시는 아빠의 모습에 엄마는 깜짝 놀라 물으십니다. 나도 머릿속에서 갈팡질팡 생각을 하고 있다가 아빠의 갑작스런 행동에 정신을 차립니다.

"뉴스에서 선거 얘기 나와서. 잠시 보고 다시 올게."

참, 아빠도⋯⋯. 저녁 식사하시다 마시고 선거 관련 뉴스에 끌려 보러 가시다니. 정말 이번 선거에 관심이 많으신가 봅니다.

아빠는 한참 뉴스를 시청하신 후 들어오셨어요. 뉴스를 보고 나서 생각이 많아지신 얼굴입니다. 식어버린 밥과 국을 다시 드시며 한마디 하십니다.

"이번 선거는 한 치 앞을 예상할 수 없네. 거참."

저녁 식사를 마치고 후식으로 배를 깎고 계셨던 엄마도 한 말씀 하십니다.

"나도 벌써부터 고민이에요. 누구를 뽑아야 할지⋯⋯. 후보자들의 공약들을 듣고 있으면 이 사람 얘기도 맞는 것 같고 저 사람 이야기도 맞는 것 같고."

"아직 선거일까지 시간이 많으니 잘 생각해 봐요. 당신이 어떤 사람을 뽑고 싶은지."

"당신은 정했어요? 누구 뽑을지?"

"허허허. 우리나라 선거는 비밀 선거예요. 말 못하지."

아빠가 웃으며 답하셨어요. 엄마는 슬쩍 눈을 흘기시면서 미소를 짓습니다.

"나도 아직 확실히 정하지는 못했어요. 시간을 두고 신중하게 여러 사람을 지켜 볼 생각이야. 그래도 아무나 기준 없이 뽑지는 않을 거예요. 우선 지금은 힘든 경제를 해결해 줄 수 있는 능력을 가진 사람에게 관심을 두고 있어요. 물론 대통령과 같은 지도자들이 한 분야에만 관심을 두어서는 안 되지만, 지금 우리나라에서 가장 급한 문제는 역시 경제 아니겠어요? 이 문제를 잘 풀 수 있는 사람을 뽑을까 생각 중이에요."

"물론 당신 말대로 경제도 문제인 것 같아요. 하지만 나는 교육도 문제라고 봐요. 우리나라는 교육 정책 해마다 바뀌고 사교육비도 너무 비싸고……."

"그럼, 당신은 교육 문제를 잘 해결해 줄 후보를 찾으면 되겠네요."

"교육 문제도 문제지만, 교통 문제도 마음에 걸리고, 막 치솟는 물가도 신경 쓰이고……."

엄마는 이것저것 생각할 것이 많으신가 봅니다. 아빠와 달리 '누구를 구체적으로 어떻게 뽑겠다' 하는 기준이 없으신 걸 보면 말입니다.

"어렵다, 어려워. 나 이러다 막상 선거일 되면 포기하는 거 아닌 지 몰라요. 아님 아무나 찍을 지도……."

"아직 생각하고 판단할 시간이 충분하니까 당신의 고민을 풀어줄 후보를 꼭 찾아봐요. 잘 찾다 보면 꼭 찾을 수 있을 거예요. 당신이 찍고 싶은 후보를 말이야. 그냥 선거만 한다고 생각지 말고요."

"아휴, 알았어요, 알았어."

선거 이야기만 나오면 아빠는 엄마께 한참 연설을 하십니다. 엄마께서 대부분 아빠의 말씀을 귀담아 들으시지요. 물론 아빠께서 엄마를 너무 학생 가르치시듯 대할 때는 귀찮아 하시는 것도 같습니다. 지금처럼 말입니다.

"나는 우리 현지가 찍어 주는 사람을 뽑을까?"

갑자기 엄마께서 아나운서 같은 말투와 목소리로 질문을 던지십니다.

"정현지 양. 이번 대통령 선거에서 어떤 후보를 뽑으시렵니까?"

"에?"

깜짝 놀라 엄마를 바라보았습니다. 물론 엄마의 물음이 장난인 것쯤은 잘 압니다. 그러나 막상 질문을 받고 보니 대답을 잘하고 싶은 욕심이 생깁니다. 하지만 머릿속이 하얗습니다.

그도 그럴 것이 대통령 선거는 어른들의 일이라고 여겨서 자세히 본 적이 없습니다. 그냥 후보자들의 얼굴만 구별할 정도인 걸요. 이분들이 국민들에게 어떤 약속을 하셨는지 잘 몰라서 누구를 뽑겠다고 말하기가 쉽지 않습니다.

"엄마의 질문을 듣다 보니 아빠도 문득 궁금해지는 것이 있는데, 현지는 엄마, 아빠가 뽑는 사람이 어떤 사람이었으면 하니?"

엄마, 아빠의 질문. 시선이 모두 나에게로 쏠립니다. 갑자기 두 개의 답을 해야 하다니. 시험이라도 보는 듯한 생각이 듭니다. 어려워요. 이럴 때는 어떻게 대답을 해야 할지 모르겠어요. 순간 머릿속에서 번쩍 하고 아이디어가 떠오릅니다. 우선 엄마의 질문부터 대답하죠.

"엄마. 우리나라는 비밀선거라니까요. 말할 수 없어요."

이런 재치 있는 대답이 떠오르다니. 만족스러운 느낌이 온몸을 훑고 지나갑니다.

"어머머머. 얘도 참……"

"하하하! 당신이 현지에게 한 방 먹었군."

아빠께서 큰 소리로 웃으며 말씀하셨습니다. 엄마께서도 어이없어 하시다가 끝내는 웃으셨어요. 이제 아빠의 질문에 대답할 차례죠.

"음. 우리 엄마, 아빠의 고민을 잘 풀어 줄 수 있는 분이요."

"그 녀석, 하하하. 우리 딸이 이렇게 말을 잘 할 줄 몰랐어."

"그러게요. 호호호."

엄마, 아빠의 순간 시험을 잘 치러낸 것 같네요. 헤헤.

"선거를 할 때마다 누구를 뽑느냐는 너무 어려워요. 모두들 나라를 위해 일하겠다고 나왔잖아요. 다들 내세운 공약들을 보면 하나같이 국민을 위하고 나라를 위하는 것 같긴 한데⋯⋯. 막상 당선되고 나면 약속은 지켜지지 않고 말로만 끝나니 점점 정치와 선거에 무관심하게 되는 것 같아요."

"당신 말도 일리는 있어. 더 나은 세상을 만들기 위해 국민을 이끌 사람들을 뽑았는데 약속은 지켜지지 않으니 당연히 실망할 수밖에."

"거기다 요즘 다들 먹고살기 힘든 상황이니 정치나 선거에 관심을 갖겠어요?"

"물론 당신같이 생각할 수도 있어. 하지만 더 나은 세상을 만들기 위해 올바른 선택을 하는 사람들도 많아. 그리고 끊임없이 정치와 선거에 관심을 두고 자신의 권리를 올바로 행사하는 사람들도 많아."

엄마와 아빠께서는 어느새 무게감이 느껴지는 이야기를 하고 계시네요. 선거는 투표소에 가서 도장만 찍고 나오는 게 다가 아닌가 봅니다. 투표는 간단한 일이라고 생각했는데 말입니다. 엄마 아빠 이야기를 듣고 있으려니 한 표를 행사하는 권리가 매우 중요한 일임을 느낍니다.

"지금 힘든 상황에서 이번 대통령 선거가 중요한 것은 알겠는데, 이번에 우리가 뽑아야 할 사람은 어떤 사람이어야 할까요?"

"나도 잘 모르겠지만, 위기의 대한민국을 구해야 할 능력과 지혜를 갖춘 사람이어야겠지. 위기를 탈출할 수 있게 국민의 능력을 이끌어 낼 수 있는 사람. 진정으로 우리나라를 사랑하고 국민이 원하는 게 무엇인지 귀 기울이는 사람을 필요로 하지 않을까 생각하는데. 물론 이건 어디까지나 내 생각이지만."

"어려워……. 얼굴에 우리나라를 잘 이끌 수 있는 사람이라고 써 있으면 좋겠어요."

"하하하!"

"옛날에는 훌륭하게 나라를 이끈 사람들도 많던데. 이 사람들이

나타나 지금의 위기를 해결해 주면 얼마나 좋을까? 왜 당신 좋아하는 사극에는 많이 나오잖아요? 누가 있더라? 지난주에 나온 사람인데?"

"아, 유성룡을 말하는 것 같은데? 진정한 지도자의 모범이지. 이분이 오늘날 다시 태어난다면 당신은 꼭 이분을 찍을 것 같군. 당신 말대로 얼굴에 나라를 잘 이끌 사람이라고 써져 있을지도 몰라."

아빠께서 엄마를 놀리시며 말씀하십니다. 그런데 '유성룡'이란 이름이 귀에 익습니다. 어디서 들어 본 이름인데? 아, 오늘 하회마을에서 본 이름입니다.

"아빠, 유성룡에 대해 아세요?"

"응. 아빠가 한참 재밌게 보고 있는 사극의 주인공이란다. 왜?"

"오늘 고모랑 하회마을 갔을 때 본 이름이거든요. 유성룡과 관련 있는 '충효당'에도 갔었어요."

"오, 그래? 오늘 좋은 공부를 했겠구나. 현지가 본 유성룡은 어떤 사람인 것 같니?"

"고모가 말씀해 주셨는데요, 임진왜란을 멋지게 해결하신 분이셨대요. 이순신 장군도 높은 자리에 올려 전쟁에서 이기게 해 주시고……. 그런데 사실은요, 유성룡이란 분이 임진왜란에서 활약하셨다는 거 오늘 처음 알았어요. 저는 그동안 이순신 장군만 임진왜란에서 조선을 구했다고 생각했었거든요."

"음, 그랬었구나."

"하회마을 가서 유성룡에 대해 몇 가지 알게 되었지만 아직 잘 모르겠어요."

대답하고 나니 낮에 있었던 하회마을에서의 시간을 생각합니다. 그곳에서의 기억을 떠올리니 아쉬운 생각이 밀려옵니다. 유성룡의 책과 유품이 전시되어 있던 영모각을 제대로 보지 못하고 왔기 때문입니다.

사람들이 별로 없을 때 영모각에 다시 가려고 했는데 계속 사람들이 많았어요. 기다리고 또 기다리다가 그곳에서 고모의 일이 다 마무리가 되어서 집으로 와야 했어요.

영모각에 제대로 보고 왔다면 더 많은 것을 배우고 왔을 텐데요. 생각할수록 안타깝습니다. '가는 날이 장날'이라는 속담은 오늘 같은 경우를 위해 만들어졌나 봅니다.

"많이 아쉬웠나 보구나. 우리 딸, 얼굴에 감정이 다 드러난다. 정말 유성룡에 대해 알고 싶니?"

"네!"

"그럼 오늘 아빠랑 같이 드라마 보자. 우리 딸의 궁금증이 아주 조금 풀릴지도 몰라."

아빠의 말씀을 듣고 있던 엄마가 눈을 흘기시며 안 된다고 하십니다. 일찍 자야 키가 큰다고 하시면서요. 아…… 물론 키 크고 싶지요. 하지만 오늘밤만은 생각의 키를 키우고 싶습니다.

애절한 눈빛으로 엄마를 쳐다봅니다. 아빠도 간곡히 엄마께 부탁을 하십니다. 처음엔 안 된다고 하셨던 엄마도 마지못해 고개를 끄덕여 주셨어요.

헤헤. 역시 우리 아빠! 사랑해요, 아빠!

2 400여 년 전의 전쟁, 임진왜란

양치질을 하고 거실로 나옵니다. 아빠는 벌써 TV 앞에 자리를 잡고 계시네요. 나도 얼른 아빠 옆에 가 앉습니다.

"어쩜, 부녀가 이렇게 드라마를 좋아하는지. 누가 그 아빠의 그 딸 아니랄까 봐."

엄마가 슬쩍 아빠에게 눈을 흘기며 미소를 지으십니다. 아빠는 엄마의 말에 역시 미소로 답하십니다. 말씀만 저렇게 하시지 사실 엄마도 드라마를 매우 좋아하십니다.

확실히 우리 가족은 드라마에 푸욱 빠져 있습니다. 다들 이렇게 TV 앞에 한 자리씩 차지하고 앉아 있으니까요. 아, 한 사람만 빼고요. 피곤에 지치신 우리 고모. 오늘 취재하시랴 나와 나선이를 신경 쓰며 챙기시랴 정신없으셨지요. 물론 우리는 좋은 경험을 쌓았지만 말이에요.

아빠께서 주말마다 보시는 사극은 조선시대의 역사를 다루고 있습니다. 제대로 본 적은 없지만 듣기에 이 드라마는 조선의 건국부터 발전하고 쇠퇴하는 모습까지 그렸다고 합니다.

슬쩍슬쩍 아빠께서 드라마를 보고 해 주신 이야기를 들으면 재밌겠다는 생각이 들었습니다. 그리고 아빠와 함께 봤으면 좋겠다는 생각이 들었습니다. 그런데 오늘 같은 기회가 오다니! 기분이 날아갈 듯합니다.

"현지야, 드라마를 보기 전에 한 가지 알아 둘 것이 있어."
"무엇이요?"
"아빠 취미생활 알지? 주말마다 역사 모임에 나가는 거."
"네."
"이 모임에서 아빠도 많은 걸 배웠는데 그 중 하나가 역사와 드라마 속 역사의 차이란다."

"둘 사이에 차이가 있어요?"

"아주 많이."

아빠의 말에 어리둥절합니다. 우리나라 역사는 사실이고 하나인데 차이가 있다니요? 고개를 갸웃거리니 아빠께서 말씀하셨어요.

"드라마는 상상력이 많이 들어가 있단다. 상상력이 더해지면 이야기는 훨씬 재미있어지지. 역사를 다루는 드라마도 마찬가지야. 실제 일어난 일에 많은 상상력을 더해서 이야기를 만드는 거야."

"많은 상상력이요? 드라마는 드라마니까 꼭 사실만 말하고 있는 건 아니란 거예요?"

"그래. 역사드라마와 역사를 똑같다고 생각해서는 안 돼. 아빠 말이 무슨 말인지 알겠지? 아빠가 오늘 역사 드라마를 같이 보자고 한 것은 드라마를 그대로 믿으라는 것이 아냐. 네가 유성룡에 대해 궁금해 하길래 이해에 도움이 되라고 보여 주는 것이니까."

"알겠어요."

오늘은 정말 많은 것을 보고 배우는 날인가 봅니다. 아빠의 말씀을 듣고 드라마를 있는 그대로 믿어 버렸던 그 동안의 내가 한심스럽습니다.

드라마의 시작을 알리는 음악이 들리면서 TV 화면에는 옛날 복장을 한 인물들의 모습이 지나갑니다. 그리고 잠시 후 본격적으로 드라마가 시작되었습니다. 화면 가득 수많은 사람들이 보입니다. 시작부터 격렬한 전쟁 장면입니다. 화살과 총알이 빗발치며 쏟아집니다. 많은 사람들이 서로 칼을 겨누고 휘두릅니다. 길에는 싸움을 하다 죽은 사람들이 여기저기에 쓰러져 있습니다.

"지금 장면은 임진왜란이 일어났을 때를 재현한 것이야. 일본이 쳐들어오고 나서 조선군이 힘없이 무너지는 장면이지."

아빠의 말씀을 듣고 자세히 보니 총을 쏘는 쪽은 확실히 일본군입니다. 그에 반해 조선군은 화살을 쏩니다. 총과 화살이 대결하다니. 당연히 일본군이 이길 수밖에 없는 상황입니다.

이미 지나간 역사를 드라마로 만든 것이지만 일본에게 지고 있는 조선을 보니 화가 납니다. 조선은 왜 힘이 없어 자신의 나라도 지키지 못하는 걸까요?

"아빠, 조선은 왜 저리도 힘이 없어요?"

"전쟁에 제대로 대비를 하지 않았기 때문이지."

"엇? 전쟁이 일어날지 알아보기 위해 일본으로 사람을 보냈다고 학교에서 배웠어요. 일본에 다녀왔는데 임진왜란이 일어날 줄 왜 몰랐을까요?"

"그래, 현지 네 말대로 조선은 일본이 전쟁을 일으킬지도 모른다고 생각하고 외교사절단을 일본으로 보냈지. 학교에서는 조선 통신사라고 해서 배웠을 거야. 통신사로 갔던 사람들은 조선에 돌아와 보고를 했지."

"아, 생각나요. 한 사람은 일본이 조선에 쳐들어 올 것이라고 말했고, 다른 한 명은 일본이 쳐들어오지 않을 거라고 했다고 배웠어요."

"음…… 그래. 현지 말도 맞아. 아빠가 조금 더 이야기를 보태면, 사실 통신사로 다녀온 두 사람 다 전쟁이 일어날 것을 알고 있었단다."

"어? 알고 있었으면서 왜 전쟁을 막지 못했어요?"

놀라울 뿐입니다. 뻔히 전쟁이 일어날 줄 알면서 대비하지 않다니요. 그것도 전쟁을 준비하고 있는 일본에 직접 가서 보고 왔으면서도 말입니다.

"새로운 사실이어서 많이 놀랐나 보다. 전쟁이 일어나지 않을 거라 주장했던 사람도 실은 언젠가 전쟁이 일어날 것이라고 말했단다. 단지 당장 전쟁이 난다고 생각하지 않았을 뿐이지. 그리고 괜히 일본이 쳐들어온다고 소문이 나면 백성들의 마음이 흔들려서 나라 안 사정이 혼란스러워질까 두려워 전쟁이 일어나지 않을 것이라고 보고를 했던 것이지."

아빠의 설명을 들으니 그럴 수도 있겠다는 생각이 듭니다. 통신사로 파견된 사람들 둘 다 나름의 입장에서 나라를 생각한 것 같습니다.

"통신사로 갔다 온 사람들의 엇갈린 주장도 문제였지만 아빠가 보기엔 임진왜란이 일어날 수밖에 없었던 것은 당시의 정치적 상황 때문이었지 싶어."

"정치적 상황이요?"

"임진왜란이 일어나기 전부터 일본 사람들은 떼를 지어 조선에 들어왔단다. 남의 나라에 들어와서는 사람들을 마구 해치고 재물을 강제로 빼앗고 그랬어."

"아, 정말. 일본은 이웃나라를 침략해서 너무 못된 짓만 했다니까요."

나는 아빠의 말씀을 듣다가 일본이 우리나라에 쳐들어와서 사람들을 괴롭힌 일을 생각하니까 무척 화가 났어요. 나는 두 주먹을 불끈 쥐었고 아빠는 이야기를 계속했어요.

"일본 사람들이 괴롭히는 데다가 흉년까지 들어서 굶는 백성들이 많이 생겨났지. 하지만 나랏일을 하는 조선의 신하들은 이런 현실을 잘 알지 못했지. 오히려 신하들끼리 무리를 짓고 편 가르기하며 자기들끼리 당파 싸움을 하고 있었단다. 이런 상황에서 전쟁을 대비한다는 것은 힘든 일이었지."

나랏일을 하시는 분들이 백성을 생각지 않고 편 가르며 싸움을 하다니요? 사극을 보면 나랏일을 하시는 분들이 입에 달고 하시는 말씀이 '백성을 위해야 한다', '백성을 생각해야 한다' 였는데 그건 결국 말뿐이었던 건가요?

그런데 아빠 이야기를 들으면서 편 가르며 싸움한다는 말에 순간 우리 반 모습이 떠오릅니다. 그리고 수렴이와 나선이의 얼굴이 머릿속을 잠시 스쳐 지나갑니다.

조선군이 계속해서 전쟁에서 지고 있다는 소식을 임금이 듣는 장면이 나옵니다. 임금은 수도를 버리고 몽진(왕이 피난하는 것) 길에 나섭니다. 몽진 길에서 자기만 살겠다고 신하들이 임금을 버리고 도망가기도 합니다. 이리저리 왔다 갔다 하며 어찌할 바를 모르는

사람들을 보니 마음이 답답해집니다.

"왜 전쟁이 안 일어난다고 생각했을까요? 그러면 저렇게 허둥지둥 일본군에게 당하지는 않았을 텐데요. 임진왜란은 정말 막을 수 없는 전쟁이었던 건가요?"

나도 모르게 자꾸 인상이 찌푸려집니다.

"꼭 그렇지 않아. 사실 일본이 쳐들어올 것을 알고 대비하자고 한 사람도 있었으니까."

"에, 그런 훌륭한 인물이 계셨어요."

아빠의 말에 귀가 솔깃합니다.

"아주 유명한 분이시지. 우리 딸이 그동안 얼마나 열심히 공부했나 잠깐 물어볼까?"

아빠의 말에 깜짝 놀랍니다. 유명한 사람이라고 하는데 못 맞추면 얼마나 창피할까요. 꼭 아는 사람이어야 하는데 말입니다.

"신사임당의 아들이자 오천 원짜리 지폐에 그려진 인물은? 시간은 10초!"

아빠의 손가락들이 하나하나 줄고 있습니다. 누구더라? 지폐에 그려진 얼굴은 생각나는데. 아, 맞다!

"율곡 이이요!"

"빙고!"

아, 맞춰서 다행입니다. 틀릴까 봐 걱정했었는데 말입니다. 이 문제를 틀렸다면 열심히 공부 안한 딸로 놀림을 받았을 것 같아요. 아무튼 문제는 통과!

"임진왜란이 일어나기 전에 이이는 당시의 조선의 현실을 보고 전쟁이 일어날 것을 짐작했어. 갑자기 전쟁이 일어난다면 과연 이길 수 있을까?"

"갑자기 일어나는 전쟁을 어떻게 이길 수 있어요? 백성들이 많이 다치지 않는 것만으로도 다행이겠는데요."

"그래. 당연히 이길 수 없지. 그래서 이이는 나라에 십만의 군사를 기르자는 의견을 냈었단다. 수업시간에 들어 봤을지 모르겠구나. '십만 양병설'이라고……."

"네. 들어 봤어요."

"이이의 의견을 들었다면 임진왜란을 충분히 대비할 수 있었을 거야. 하지만 이이의 의견은 받아들여지지 않았단다. 아빠가 조금 전에 말했지. 당시에 조선 신하들은 편 가르며 싸우느라 미래를 예견한 이이의 의견에 찬성할 수가 없었지. 이이의 의견에 찬성하지 않은 사람들 중에는 유성룡도 있었단다."

"정말요? 믿어지지 않아요."

오늘 임진왜란에 대해 너무 새로운 사실을 많이 알게 됩니다. 아빠와 이야기를 나눌수록 충효당을 더 꼼꼼히 보지 못한 것이 후회됩니다.

"이이의 말만 들었더라도 임진왜란은 일어나지 않았을 텐데요. 너무 안타까워요. 아빠."

"임진왜란을 막을 수 있었던 기회를 여러 번 놓쳤지. 그리고 그 기회를 놓친 것에 대한 대가는 정말 참혹했지. 저 화면처럼 말이다."

TV 화면 속에서 조선에 쳐들어온 일본인들이 여기저기 집에 불을 지릅니다. 죽지 않기 위해 사람들은 여기저기로 뛰어다닙니다. 아이들과 여자들이 일본인들에게 잡히고 끌려갑니다. 힘없어 보이는 사람들을 공격하면서 아무렇지도 않게 죽입니다.

화면의 장면이 바뀌더니 일본인들이 지나간 후 마을의 모습이 보입니다. 마을은 잿더미가 되었고 길가에는 시체들이 쭉 늘어져 있습니다. 시체 옆에서 아이들 몇몇이 울고 있습니다. 죽은 사람이 엄마, 아빠인가 봅니다. 너무도 가슴 아픈 장면입니다.

"알고 있겠지만, 임진왜란은 7년이란 긴 세월이 지나고서야 끝났단다. 결과적으로 승리는 조선이었지. 하지만 승리했다고 보기엔 잃은 것이 너무나 많은 전쟁이었어.”

“오늘 하회마을에 가서 본 안내문에는 임진왜란의 어려운 상황을 이겨내는 데 많은 공을 세운 분이 유성룡이라고 했어요. 하지만 아빠 말씀대로라면 이이의 ‘십만 양병설’도 반대하여 임진왜란을 막을 기회를 놓치게 한 사람은 유성룡이잖아요? 그런데 어떻게 이 분이 임진왜란 때 공을 세우셨다는 건가요? 이해가 되지 않아요.”

“아까 통신사 이야기 하다가 빼놓은 부분이 있는데…… 사실 통신사를 일본으로 보낸 사람이 유성룡이란다. 통신사로 갔던 이들의 보고를 받고 이이의 의견이 옳다는 것을 알았지. 얼마 안 되는 기간이었지만 전쟁이 일어날 것을 대비했었단다.”

“더 빨리 대비했으면 좋았을 텐데요.”

“그랬으면 좋았겠지만……. 임진왜란이 일어나고 나서 유성룡은 전쟁을 수습하기 위해 정말 탁월한 능력을 보였단다. 가장 뛰어난 능력을 보인 것은 무엇보다도 인재를 알아보고 알맞은 자리에 보낸 일이야.”

헤헤. 아빠가 무슨 말을 하시려는 건지 알 것 같습니다. 분명 이순신 장군에 대해 말씀하시려는 겁니다. 이 이야기는 낮에 고모께서 말씀해주셔서 아는 부분입니다. 역시 알고 있는 이야기가 나오니 괜히 뿌듯한 기분이 드네요.

"아빠, 지금 이순신 장군 이야기 하시려고 그러시죠?"

"어떻게 알았니?

"낮에 고모가 이야기해 주셨어요."

"그렇구나. 그런데 이순신 장군만?"

"네."

"한 사람 더 있는데. 뭐, 현지가 아는 것 같으니 말하지 말까 보다."

한 사람이 더 있다니? 처음 듣는 이야기입니다. 아빠께서 가르쳐 주시지 않으려고 하니 더 궁금해집니다.

"아빠!"

"하하. 우리 현지 애교는 못 당하겠다니까. 그래 알려 줄게. 이름 들어 봤을 걸. 이 분도 이순신 장군만큼 유명한 분이시니까."

"누구신데요?"

"권율 장군."

아, 권율 장군. 행주치마의 이름이 유래된 행주산성에서의 싸움으로 유명한 분. 이분도 유성룡이 추천한 분이셨군요.

"권율과 이순신을 나라에 추천해 전쟁에 대비한 유성룡의 판단
은 정말 훌륭했지."

아빠는 유성룡의 업적을 이야기하시면서 아주 뿌듯해 하시며
심지어 행복해 보이기까지 합니다. 아빠께서 꼭 유성룡이 된 듯한
느낌에 빠지신 것 같습니다.

"또한 유성룡은 인재를 추천할 줄 아는 지혜뿐만 아니라 아주
중요한 한 가지를 더 가지고 있었지. 그건 말이야……."

갑자기 숨죽여 말하시는 아빠를 보니 내가 더 긴장이 됩니다.
빨리 이야기해 주시지. 기대에 가득 찬 눈으로 아빠를 바라보았습
니다. 아빠께서 제 얼굴을 빤히 들여다보시다가 은근히 미소를 지
으십니다.

"아빠, 왜 얘기 안하세요? 무엇인가 말씀해 주실 것 같은
데……. 그 한 가지는 무엇이에요?"

"갑자기 목이 마르네. 현지야, 물 한 컵 부탁해도 될까?"

3 백성의 편에서

얼른 부엌으로 가서 냉수 한 컵을 가져옵니다. 한참 재밌는 부분에서 이야기가 끊긴 것 같아요. 음식 중에 제일 맛있는 부분을 못 먹었을 때의 기분과 같습니다.

아빠께서는 내가 물을 가지러 간 사이 혼자서 재밌게 사극을 보고 계십니다. 물을 드리니 꿀꺽꿀꺽 삼키셨어요. 좋아하는 사극 보시면서 설명해 주시느라 목이 많이 마르셨나 봐요.

"아까 어디까지 말했더라?"

"'유성룡에게 중요한 한 가지가 더 있다' 까지요."

"그래, 거기까지 이야기했지. 현지야, 네 생각엔 나라가 있어야 국민이 있는 것 같니, 아님 국민이 있어야 나라가 있는 것 같니?"

아빠의 갑작스런 질문이 이어지네요. 잘은 모르겠지만 사람들이 모여 사회를 이루고, 사회가 모여 나라를 이루니까 음…… 국민이 있어야 나라가 있는 게 아닐까요? 내 생각은 그래요.

"국민이 있어야 나라가 있다고 생각해요."

"유성룡도 비슷한 생각을 가지고 있었어. 아까 유성룡이 이이의 '십만 양병설' 의견에 반대했다고 했을 때 너 솔직히 실망했지."

어떻게 아셨을까요? 나라를 스스로 지키기 위해 군사를 기르자는 이이의 의견을 반대한 사람 중에 유성룡이 있다는 이야기를 들었을 때 이 사람이 과연 임진왜란을 잘 해결한 분이 맞나 하는 생각이 들었습니다.

"유성룡은 평화로울 때에 군사를 기르는 것은 호랑이를 길러 걱정이나 근심을 남기는 것 같다고 하면서 이이의 '십만 양병설'을 반대했지."

"아, 그런 깊은 뜻이 있었구나!"

"하지만 더 근본적인 이유를 따지고 보면 군사를 십만 명이나 훈련시킨다는 것은 누구에게 부담이겠니?"

"음…… 훈련을 시키는 사람도 힘들겠지만 훈련받는 십만 명이 더 힘들 것 같아요. 십만 명은 또 어디서 찾고요?"

"그래. 농사를 지으랴 나라를 지키랴 이 모든 몫의 부담은 다시 백성들이 고스란히 지어야 한다는 결론에 이르게 되지. 유성룡은 백성들에게 큰 부담을 안겨 주고 싶지 않았던 거라고 생각할 수 있지."

"하지만 아빠! 백성을 위한다고 내린 판단이 나중에 임진왜란 이라는 결과로 돌아왔잖아요."

"그래, 그건 네 말과 같지. 아빠 생각에도 유성룡은 이이의 의견 에 찬성해 줬어야 했어. 하지만 당시의 조선은 흉년이 들어 굶어 죽는 사람도 많아서 실제로 군사를 십만씩이나 키울 수 있었을지 의문이구나. 이이의 생각은 분명 옳았지만 현실적으로 실현가능 했는지는 잘 모르겠구나."

"네……"

아빠의 말씀을 듣고 보니 유성룡이 내린 판단이 그럴 수밖에 없 었던 것 같기도 해요. 백성의 입장에서 보면 당장 먹고사는 일이 중요한데 여기에 나라를 지키는 의무까지 시키면 정말 힘들 것입니다.

"유성룡이 백성의 편에 섰던 유명한 일화가 있단다."

막 이야기를 시작하시려고 할 때, 아빠는 TV에서 무엇을 보셨는지 손가락으로 화면을 가리키셨습니다.

화면에는 임진왜란을 피해 몽진한 임금이 보였습니다. 여러 신하들이 압록강을 건너 중국 쪽으로 피난 가기를 주장하고 있습니다.

"오, 마침 좋은 장면이구나. 저 부분을 잘 보렴."

아빠의 말씀에 나는 화면을 열심히 집중해서 보기 시작합니다. 이때 한 신하가 임금 앞에 나아가 이야기를 합니다.

"전하께서는 한 발이라도 나라를 떠나서는 아니 되옵니다. 아직 동북쪽에는 여러 도가 끄떡없고, 각 지방에서 뜻있는 선비들과 백성들이 지지 않고 맞설 것입니다. 그런데 전하께서 나라를 떠나면 백성은 누구를 위해 목숨을 바쳐 싸워야겠습니까?"

간절한 마음이 느껴지는 목소리입니다. 자막에 '유성룡'이라고 나옵니다. 아, 저분이 유성룡이었군요. 모두가 전쟁을 피해 도망

가기만 하려고 할 때, 끝까지 나라와 백성을 지켜야 한다고 주장하시는 저분.

"정말 운이 좋네. 막 이야기를 하려던 참이었는데. 드라마로 보니까 이해가 훨씬 잘 될 듯하구나."

"그런데요, 아빠. 임금이 중국 땅으로 피난 가는 게 그렇게 안 될 일인가요? 적에 잡히는 것보다 중국 땅으로 가서 우선 힘을 길러 싸우는 게 좋지 않을까요?"

"현지같이 생각할 수도 있어. 하지만 믿었던 임금이 자기만 살기 위해 도망쳤다는 걸 안 백성들은 어떤 기분이었을까?"

"글쎄요……."

"아빠가 그때 사람이었다면 심한 배신감을 느꼈을 거야. 우리 임금은 우리를 버렸다면서 말이야. 그럼 나라를 지키고픈 생각도 사라질 것 같아. 하지만 임금이 위험을 감수하면서 우리 땅에 남아있다고 생각하면 지키고 싶어지겠지. 유성룡은 이런 생각을 했던 것 같구나."

어렵지만 조금은 무슨 뜻인지 알 것도 같아요. 문득 지난 운동회 때 일이 생각났습니다. 그때 우리 반은 축구, 발야구, 피구 등

대부분 경기를 다른 반에게 졌습니다. 유난히 우리 반 친구들이 운동을 못하긴 했었죠. 다른 반 친구들이 상도 하나도 타지 못하는 반이라고 놀렸어요.

우리 반 친구들은 분했지만 상을 타지 못한 건 사실이라 아무 말도 못하고 있었죠. 그런데 옆 반 반장이 와서 "너희 반 아직도 상 받은 거 없어?" 하고 약을 올리면 가잖아요. 가뜩이나 의기소침해 있는데 말이에요. 그 때 우리 반 반장 수렴이가 벌떡 일어나 "아니, 우리도 상 받을 거야. 두고 봐! 너희 반이 절대 타지 못할 상을 탈 테니!" 하며 옆 반 반장에게 말했어요. 수렴이의 태도에 우리 반 친구들은 깜짝 놀랐지요. 그리고 수렴이가 말했어요.

"아직 기회가 있어. 우리 반이 비록 운동은 못하지만, 다른 반보다 단합은 잘 하잖아. 지금부터 노력해서 우리 응원상 하나 만큼은 꼭 받자! 얘들아!"

수렴이의 말과 행동에 우리는 용기를 얻고 정말 열심히 응원했습니다. 우리 반 친구들 모두를 믿고요. 그래서 운동회를 마칠 때 수렴이 말대로 응원상을 탔답니다.

"아빠, 유성룡은 백성의 힘을 믿었나 봐요."

운동회 때의 경험으로 나는 믿음의 힘을 잘 알고 있습니다.

"아빠 생각도 그래. 백성에 대한 믿음이 없었다면 유성룡도 북쪽 땅으로 피난 가자고 했을 거야. 하지만 그러지 않았지. 유성룡의 말처럼 뜻있는 선비들과 백성들이 일어나 일본인에게 짓밟힌 국토를 찾기 위해 노력했지. 그리고 그 기나긴 임진왜란이 끝나게 되는 것이란다."

아빠의 이야기를 들으며 본 사극은 끝을 알리는 자막이 올라가고 있습니다.

"현지야, 밤이 늦었어. 이제 얼른 가서 자도록 해."

엄마께서는 드라마가 끝나자마자 한 말씀하십니다. 아, 생각의 키는 더 키우고 싶은데……. 여기서 더 부탁하면 엄마가 한 소리 하실 지도 모르겠네요. 엄마 말씀대로 내 방으로 왔습니다. 침대에 누워 봅니다. 하지만, 잠이 오지 않네요. 오늘 너무 문화적 충격을 많이 받아서 그런가 봅니다.

일어나 살금살금 컴퓨터를 켭니다. 잠시 후 인터넷과 연결되어 검색창에 조심스럽게 유성룡의 이름을 넣었습니다. 순식간에 유성룡과 관련된 지식과 정보들이 화면을 채웁니다. 이렇게 유명한 분을 지금까지 몰랐다니…….

시선을 끄는 제목들 순서로 읽습니다. 유성룡에 대한 정보를 접

할수록 이상하게 수렴이가 떠오릅니다. 그리고 괜히 미안해지네요. 아마도 수렴이에게 도움을 주겠다고 빨리 답변을 주지 못해서일 테죠.

"현지, 엄마의 믿음을 저버리지 말아 줘."

방문 밖에서 엄마의 목소리가 들려옵니다. 아, 잠들지 않은 사실을 들켰나 봅니다. 얼른 잠들지 않으면 이제는 정말 혼날지도 모르겠어요.

유성룡의 마음

유성룡은 30여 년간의 관직생활 동안 10년간 높은 벼슬자리에 있었어요. 하지만 재물을 탐하기보다 깨끗하고 선비의 도리를 지키는 청빈한 삶을 실천했어요. 그래서 유성룡은 평소 집안 재산이 넉넉하지 못했어요. 무엇보다 유성룡의 가장 주목받은 공로는 임진왜란을 극복한 전략이라고 할 수 있어요.

유성룡은 왜군의 침략을 맞아 국정의 모든 책임을 도맡아 나라에서 일어난 어려운 일을 극복하는 데 전력을 다했어요. 또한 조선의 수도인 한양과 백성들을 버리고 의주로 피난을 떠난 조선 왕조를 위기에서 구출해 낸 명석한 판단력과 지혜를 지닌 전략가입니다.

또한 그는 단순한 정치가가 아니라 위기를 극복하여 공포와 굶주림에 시달리던 백성들의 신음소리에 귀를 기울이고 울분에 찬 백성들을 설득한 인물이었어요.

임진왜란이 일어나자 백성들의 생활과 마음은 심각하게 혼란스러웠습니다. 유성룡은 그 당시의 상황을 《징비록》에서 한양 도성의 상황을 다음과 같이 기록하고 있어요.

"나는 명나라 병사들과 함께 들어갔는데 성 안의 백성들은 하나도 남아 있지 않았다. 또한 살아있는 사람들조차 모두 굶주리고 병들어 있어 얼굴빛이 귀신 같았다. 날씨마저 더워서 성 안에는 죽은 사람과 죽은 말 썩는 냄새로 가득했는데 코를 막지 않고는 한 걸음도 떼기가 힘들었다."

"언젠가 큰 비가 내린 날이었다. 굶주린 백성들이 밤중에 내 숙소 곁에서 모여 신음소리를 내는데 차마 들을 수가 없었다. 다음 날 주위를 살펴보자 죽은 사람들의 시체가 즐비했다."

유성룡의 나라를 사랑하는 마음은 1592년 한양을 떠나 피란길에 올랐을 때 잘 나타나 있어요. 《징비록》에 의하면 당시 임금이 피난 갈 곳을 정하는데, 신료들 사이에서 논란이 일어났다고 해요. 신료들과 선조 임금은 명나라로 가야 한다고 했어요. 하지만 이것은 나라가 망하여 다른 나라로 망명하는 것이나 다름없었지요.

그래서 유성룡은 선조 임금이 명나라로 가는 것에 크게 반대했어요.

선조 임금이 단 한발자국이라도 이 땅을 벗어나면 더 이상 이 땅은 우리 나라 땅이 아니며, 이 소문이 백성들에게 퍼지면 일본군에 대한 항전의 지가 꺾여서 더 이상 나라를 지킬 수 없다고 주장하였어요.

다른 한편 유성룡은 추위와 굶주림에 허덕이는 백성들을 마음으로 위로했어요. 그리고 훗날을 위해 이들을 군사로 키우면서 군사력을 기르는 데 힘을 썼어요.

유성룡은 명나라의 신기술과 전술을 익히고 군인들을 모아서 용맹스러운 병사로 키웠어요. 이러한 대비책은 명나라를 전쟁에 동참시키기는 하였지만 우리나라를 우리의 힘으로 스스로 지키려는 국방책의 한 방안으로 보여집니다.

이처럼 유성룡은 임진왜란 동안 조정과 당파의 논란이 있을 때마다 이러한 태도를 굽히지 않았어요. 이처럼 《징비록》에 나타난 기록에는 그가 행정과 군사업무엔 엄격하고 마음이 꼿꼿한 사람이지만 굶주림과 추위에 떠는 백성들의 고통에 귀를 기울이고 마음 아파했던 사람이었음을 알 수 있었어요.

3

지난 잘못을 반성하여
앞날에 대비한다

 밤은 깊고 바람은 세찬데 우리 배들은 사방으로 흩어져 떠내려 갔으며 갈 방향을 알지 못했다.

— 유성룡

1 선택의 시간

수화기를 잡고 한참을 기다립니다. 언제쯤 통화가 가능할까요?

"잠깐만요. 엄마! 금방 갈게요!"

수화기 저쪽에서 여러 가지 소리가 희미하게 수렴이의 목소리가 들려옵니다.

아빠와 이야기를 나눈 후에 여러 가지 생각이 들었습니다. 수렴이에게 전화를 해 주어야 한다는 생각이 밤새 머릿속을 헤집고 다녔습니다. 심지어 꿈에서조차 내 뜻을 전하기 위해 학교 전체를 뛰어다니며 수렴이를 찾아다녔습니다. 열심히 뛰어다니며 수렴이를 찾았지만 꿈속에서는 결국 수렴이를 찾지도 못했고 내 뜻을 전하지도 못했습니다.

이런 꿈에서 시달려서인지 오늘 아침은 너무나도 피곤했어요. 우유에 흠뻑 젖은 축축한 식빵이 되어 버린 기분이 들었습니다. 흐물거리며 이도저도 아닌 느낌이 나를 사로잡았어요. 그래서인지 유난히 수렴이와 통화를 해야 한다는 강한 생각이 들었습니다.

서둘러 아침 식사를 끝낸 후 나는 가방에서 우리 반 비상 연락망 쪽지를 들고 와 확인 후에 수렴이에게 전화를 걸었습니다.

처음에는 수렴이 어머니께서 받으셨어요. 잠시만 기다리라고 하시며 수렴이를 바꾸어 주시겠다고 하셨어요. 그런데 무슨 일을 하고 있었는지 전화를 빨리 받지 않고 있습니다. 수화기에서 언제쯤 수렴이의 목소리가 들리려는지…….. 갑자기 덜그럭 소리와 함께 소리가 들렸습니다.

"여보세요?"

"나야, 정현지. 전화했었다면서."

"아, 정현지. 미안해. 전화 받는 게 늦었지. 안 그래도 조금 있다가 다시 전화하려고 했는데. 내가 어제 전화했었어. 그런데 네 어머니께서 너 멀리 놀러갔다고 하시더라. 돌아오면 전화 달라고 어머니께 부탁드렸는데 어제 연락이 없더라."

"미안해. 어제 멀리 놀러 갔었거든. 돌아왔을 때는 너무 늦은 시간인 것 같아서 전화하기가 그랬어."

"그래. 아무튼 내가 너에게 전화한 일은 모의선거를 잘 해 달라는 부탁을 하고 싶었기 때문이야. 희한하게 너에게 이야기를 걸려고 하면 꼭 일이 생겨서, 나도 학교에서 자세한 이야기를 하지 못했고 해서 말이야. 그나저나 생각해 봤어?"

수화기를 통해 전해져 오는 수렴이의 목소리에서 기대감이 느껴집니다.

"나는 네가 꼭 도와주었으면 해. 하지만 네가 그럴 생각이 없다면…… 할 수 없지만……."

마지막 말을 들으니 지난 목요일에 부탁을 한 수렴이에게 정말 미안한 느낌이 듭니다. 끝까지 나에 대한 믿음을 갖고 도움을 청하는 수렴이가 참 믿음직스럽고 고맙게 느껴집니다. 수렴이에게 더 이상 모의선거 도움에 대한 대답을 미루면 나는 참 나쁜 아이

일 수밖에 없을 것 같습니다.

"대답이 늦어서 미안한데…… 그래 도울게. 내가 많은 도움이 될진 모르겠지만 말이야."

"그래! 정말이지?"

전화기로 들려오는 수렴이의 목소리가 들뜹니다. 정말 기뻐하는 마음이 전해집니다. 얼굴이 보이지 않지만 수렴이가 기뻐하는 얼굴이 막 상상이 됩니다.

"고마워. 정현지!"

고맙다는 수렴이의 말에 괜히 얼굴이 화끈거립니다. 우리 반 모두의 일인데 이렇게 좋아하다니.

"고맙기는……."

"사실은 네가 도와주지 않는다고 할까 봐 걱정했었어. 그래서 나름대로 모의선거 준비 시작하고 있었거든. 너한테 부탁하려고 한 거 내가 만들어 보긴 하는 데 영 솜씨가 없다."

혹시 내가 거절할지 몰라서 미리 모의선거 소품을 준비하려고 했었다니. 쑥스러워 하면서 말하는 수렴이한테서 정말 열심히 하는 사람의 자세가 얼마나 보기 좋은지 생각하게 됩니다.

"혼자서 모의선거 준비하고 있었던 거야?"

"응. 이젠 네가 도와준다고 했으니까 든든한 힘을 얻을 것 같아 좋다."

문득 궁금한 생각이 하나 들었습니다. 수렴이는 왜 모의선거를 하자고 했을까요? 나선이 말처럼 선생님께 잘 보이기 위해서? 지금의 행동을 보면 그건 아닌 것 같습니다. 전화를 한 김에 물어봐야겠어요.

"그런데 수렴아, 이런 거 물어봐도 될지 모르겠지만 왜 갑자기 모의선거를 하자고 한 거야?"

"아, 그건……."

대답이 빨리 나올지 알았는데 수렴이 한참 뜸을 들입니다. 무슨 이유가 있는 건 분명한 것 같습니다.

"음…… 모의선거 하자고 한 건 요즘 우리 반 분위기가 너무 좋지 않아서 그랬어. 너도 알다시피 중학교 배정 문제 때문에 보이지 않게 편이 갈리고 있잖아. 가끔 작은 다툼도 있고 해서. 생각해 보니까 학예회 때까지만 해도 우리 반 단합도 잘 되고 서로서로 보듬어 주는 친구들이었는데 말이야. 학예회 때처럼 단합할 일이 생기면 다시 예전같이 돌아가지 않을까 싶어서…… 그래서 모의

학 교 배 정

선거를 선생님께 말씀드린 건데……."

아, 이런 생각을 하고 있었다니. 갑자기 수렴이가 굉장히 어른스러워 보입니다. 생각도 깊어 보이고.

"나 혼자 생각하고 결정하고 선생님께 말씀드린 건 우리 반 친구들에게 미안한 일이지. 사실 조금 후회하기도 했어. 하하하."

수렴이의 웃음은 가벼웠지만 그 웃음소리를 듣는 내 마음은 무거워집니다. 우리 반의 단합과 협동을 위해서 벌인 모의선거. 다 우리 반과 친구들을 걱정해서 내린 결정이었는데 이런 수렴이의 결정을 아무도 깊이 생각해 주지 않았습니다.

나 역시 그랬습니다. 빨리 도와준다고 말할 것을. 이런 생각에 마음 한 편이 무거워집니다.

"현지야, 자세한 이야기는 내일 학교에서 이야기 하자."

"응, 그래. 내일 보자."

수렴이와 전화 통화를 끊고 마음 한 편이 후련해지는 것을 느낍니다. 나만 빨리 결심하고 똑 부러지게 의견을 말했다면 수렴이와 나선이의 말다툼도 없었을지도 모릅니다. 또한 나의 고민은 시작도 되지 않았겠지요. 이런 생각을 드니 지금 내가 해야 할 행동이 확실해집니다.

　나는 이제 한 통의 전화를 더 걸어야 합니다. 나선이에게 전화
를 해야 합니다.

2 《징비록》을 만나다

나선이와 대형서점 정문에서 만나기로 약속을 했어요. 모의선 거를 돕겠다는 이야기를 하기 위해서요. 전화를 했더니 점심에 가 족들과 외식을 하러 나가는 길이라고 합니다. 할 말이 있다고 하 니 4시쯤에 대형 서점에서 만나자고 했어요. 나선이가 전화를 받 을 만한 상황도 아니고, 나도 전화로만 이야기를 꺼내는 것이 싫 어 약속 장소를 정했습니다.

수렴이와의 일을 듣고서 나선이가 어떻게 나올지 솔직히 겁이 납니다. 모의선거 일을 돕는 일로 설마 그 긴 우정의 시간을 단 한 번에 무너트리지 않겠지요?

나선이가 나를 믿어 줄 것이라는 마음과 반대로 믿어 주지 않을지도 모른다는 마음이 팽팽하게 맞섭니다. 이런! 이런 마음을 갖다니요. 이건 내가 나선이를 믿지 못하고 있다는 말입니다.

크게 숨을 들이 마십니다. 유치원 때부터 함께한 나선이와 있었던 일들을 떠올립니다. 인형 때문에 둘이서 티격태격 싸웠던 기억, 뜀박질하다가 엎어졌을 때 나선이가 나를 일으켜 세워 준 기억, 아팠을 때 문병을 와 준 기억……. 오래 전의 일이 하나하나 떠오르니 안절부절못했던 마음이 차분해집니다. 나선이와의 좋은 추억들이 마음을 꽉 채웁니다.

내 오랜 벗 나선이는 나의 선택을 믿어 주고 존중해 줄 것이라고 생각합니다. 마음을 다잡았으니 이제 약속 장소로 출발해야할 것 같습니다.

주말이라서 그런지 서점에는 사람들이 많이 붐빕니다. 약속 장소에 도착하여 시간을 확인합니다. 약속 시간까지 5분 정도 남았군요. 지나가는 사람들을 관찰하며 나선이를 기다려야겠어요. 갑자기 주머니 속에서 진동이 느껴집니다. 핸드폰 문자가 와 있습니다. 차가 많이 밀린다고 기다려야 할 듯하다는 내용입니다.

가족과 외식을 마치고 돌아오는 길이 수월치 않나 봅니다. 하긴 서점 오는 길에 보니 거리에 자동차가 정말 많았습니다. 꼼짝하지 않고 있었지요. 모두가 쉬는 일요일이라 더더욱 길이 막히나 봅니다.

자동차 안의 나선이를 생각합니다. 지금쯤 약속 시간에 도착하지 못해 마음이 바짝바짝 타 들어가겠지요. 다른 건 몰라도 나선이는 약속 시간만큼은 철저하게 지키는 친구입니다. 그동안 내가 늦으면 늦었지 나선이가 기다리게 하는 일은 없었거든요.

미안하다는 문자가 계속 도착합니다. 애교 섞인 그림말과 함께요. 얼른 괜찮으니 도착하면 연락하라, 서점 안에 있겠다는 답 문자를 보내야 나선이의 불안한 마음을 편안하게 만들 수 있을 것 같습니다.

문자를 보낸 후 서점으로 들어갔습니다. 조용한 클래식 음악이 흘러나옵니다. 많은 사람들이 서점의 이곳저곳에서 책을 고르며 읽고 있습니다. 서점 안에 이렇게 사람이 많은데 생각보다 조용한 것이 정말 신기합니다.

서점 이곳저곳을 구경하고 다니다 어린이 코너로 갔습니다. 3단으로 된 계단 위에 앉아 많은 어린이들이 부모님과 함께 책을 보고 있습니다. 여기는 자유롭게 앉아 책을 읽을 수 있는 공간입니다. 어린이 코너에만 있는 장소이죠.

　이곳은 엄마와 함께 자주 다니던 곳입니다. 3단 층계에 앉아서 마음에 드는 책을 많이 읽고는 했어요. 읽다가 재미있으면 엄마를 졸라 책을 사가기도 하고요. 자주 오고 익숙한 장소여서 그런지 이곳에 오면 마음이 편안해집니다. 나선이가 정확히 언제 도착할지 모르니 여기에 앉아 잠시 책을 골라 읽어 볼까 합니다. 그럼 책을 고르러 가 볼까요?

　동시, 창작동화, 위인전……. 어느 곳으로 가야 재미있는 책을 고를 수 있을까요? 눈앞에 수많은 책들이 알록달록한 표지와 호기심을 일으키는 제목이 있습니다. 서로 자기를 읽어달라는 듯 나의 시선을 잡습니다. 이 책을 읽을까? 저 책을 읽을까? 손가락으로 한 권씩 짚어가며 나를 사로잡는 책을 찾아봅니다.

　'어? 이 책은?'

　역사를 다룬 책들을 모아 놓은 책장에서 제목이 낯익은 한 권의 책을 발견했습니다.

어린이를 위한 《징비록》.

제목을 보니 언뜻 떠오르는 기억이 있습니다. 하회마을에 갔을
때 나선이가 '징글징글한 비밀을 쓴 책이라는 건가?' 하며 제목
을 풀이하던 책입니다. 지은 사람을 살펴보니 유성룡입니다. 어제
안내문에서 보았던 그 책이 분명하네요. 아는 제목의 책이어서 그
런지 관심이 갑니다. 책장에서 책을 꺼내어 사람들이 앉아서 책을
읽는 곳으로 갔습니다. 한쪽 귀퉁이에 앉아 《징비록》의 첫 장을
열어 봅니다.

제일 먼저 목차가 눈에 들어옵니다. 예전에 고모가 책을 읽을
때 목차가 중요하다고 말씀하신 적이 있습니다. 목차는 순서만 보
여주는 것이 아니고 이야기의 흐름이 나타나는 중요한 부분이라
고 합니다. 고모께서 목차를 이야기의 뼈대라고 말씀도 해 주셨지
요. 그래서 책을 고를 때 꼭 목차를 읽어 보게 됩니다.

작은 제목들을 하나하나 읽어보았습니다. 임진왜란이 일어나기
전 조선의 모습부터 전쟁이 일어난 후 모습들을 사실대로 써 놓았
다는 것을 짐작할 수 있었습니다. 문득 책을 보고 있자니 유성룡
은 왜 이런 책을 썼을까 하는 생각이 듭니다.

어제 드라마에서 본 임진왜란의 모습은 정말 끔찍했습니다. 드라마니까 하고 보기는 했지만 일본에게 힘없이 지는 조선의 모습은 정말 불쌍했습니다. 결국 조선이 이기기는 했지만 그 과정은 정말 보면서도 슬프고 안타까웠습니다. 이런 전쟁의 모습을 굳이 책으로까지 썼을 필요가 있었을까요?

《징비록》을 쓴 이유에 궁금증을 느끼며 다음 장으로 넘어갔습니다. 서문을 읽다가 지금의 궁금증을 조금이나마 알 수 있었습니다. 나와 같은 궁금증을 가진 사람들이 있을 줄 알고 유성룡이 써 놓은 것 같습니다. 서문에 이런 부분이 있습니다.

시경(詩 經 — 춘추 시대의 민요를 중심으로 모은 중국에서 가장 오래된 시집)에 이르기를 '내 지난 일을 징계(懲 戒 — 허물이나 잘못을 뉘우치도록 나무라며 다시는 같은 잘못을 저지르지 않도록 함)하여 뒷근심이 있을까 삼가노라' 라고 했으니 이것이 징비록을 쓰는 이유라 하겠다.

"멋지고 훌륭한 사람은 무엇이 달라도 다르구나."
나도 모르게 혼잣말을 합니다.

징
비
록

내 지난일을 경계하여 뒷근심이 있을까 하노라

7년 동안의 긴 전쟁도 멋지게 마무리 하신 분이 바로 유성룡입니다. 그냥 가만히 계셨어도 능력 있고 멋있는 인물이셨는데 먼 훗날 임진왜란과 같은 실수를 되풀이 하지 않으려 기록도 남기시다니.

 400년 전에 이렇게 멋진 분이 계셨다니 믿어지지 않습니다. 아빠 말씀대로 이름난 재상이십니다. 우리 조상님들 만세! 나도 모르게 가슴 가득 뿌듯함을 느낍니다. 유성룡과 같은 사람이 많다면 아마 우리나라는 지금보다 훨씬 더 발전할 것 같습니다.

 아, 갑자기 머릿속에서 별이 반짝합니다. 옛말에 '하나를 알면 열을 안다' 고 했습니다. 나는 열까지는 모르겠지만 음…… 유성룡을 알고서 두 가지는 알게 된 것 같습니다. 이제서야 아빠가 선거에 관심을 두시는지 조금 이해가 갑니다.

 유성룡과 같은 멋진 지도자를 뽑기 위해서입니다. 국민을 위해 봉사하고, 국민들을 하나로 만들며 서로서로 힘을 합하게 하여 우리나라를 발전시킬 수 있는 훌륭한 사람을 찾기 위해 그토록 선거에 관심을 보이신 것입니다. 대한민국 국민으로서 최선의 노력을 하고 계시는 우리 아빠께 박수를! 짝짝짝!

 앞으로는 아빠께서 TV를 양보해 달라고 부탁하시면 기꺼이 그렇게 해 드려야겠습니다. 아빠께서 지금 훌륭한 지도자를 찾고 있는 중이시니까요. 그때까지 좋아하는 드라마는 잠시 안녕입니다.

수렴이도 문득 생각이 납니다. 우리 반과 아이들과 한마디 의논 없이 모의선거를 시작했지요. 수렴이가 그런 결정을 내릴 수밖에 없었던 이유를 알 것 같습니다. 오전에 통화를 하면서도 느꼈지만 수렴이는 반장으로서의 최선을 다했던 것입니다.

하나였던 우리 반이 알게 모르게 무너지고 있다는 것을 잘 알고 있었던 수렴이. 어떻게 하면 우리 반이 전처럼 서로를 위하는 반이 될까 무척 고민했을 것입니다. 그러다 나름대로 찾은 방법이 모의선거였나 봅니다. 물론 혼자서 일을 만든 건 잘못이라는 생각이 들지만요. 모의선거를 하자 하면 반 친구들이 별로 좋아하지 않을 걸 뻔히 알면서도 선생님께 말씀드린 것 같아요. 잘난 척한다는 말을 들으면서도요.

'그 동안 마음이 많이 아팠겠다. 넌 진짜 우리 반을 누구보다 좋아했구나. 힘내라, 최수렴. 지금은 이렇게 마음으로나마 응원해 줄 수밖에 없지만……'

수렴이의 마음을 나름 생각해 보니 지금 내가 할 수 있는 건 정말 열심히 모의선거를 돕는 일입니다. 대한민국 국민으로서 열심

히 사시는 아빠처럼, 나도 6학년 ○반의 학생으로 최선을 다해야
겠습니다.

　이런저런 생각을 하고 있는데 주머니에서 핸드폰 진동이 느껴
집니다. 부재중 전화 한 통. 나선이한테 전화가 왔었네요. 《징비
록》앞에서 여러 생각을 하다 보니 전화 온 줄도 몰랐나 봅니다.
전화 한 것을 보니 나선이가 서점에 온 것 같습니다. 막 전화를 하
려 버튼을 누르려고 하는데 또 진동이 울립니다. 핸드폰 창에 나
선이의 이름이 나타납니다.
　"응, 나선아."
　"지금 어디 있어?"
　"어린이 코너. 책 읽는 곳에 있어."
　"내가 그리로 갈게."
　전화를 끊고 잠시 후에 나선이가 나타났습니다. 나선이는 얼굴
을 보자마자 숨을 헉헉 몰아쉬며 미안하다는 말부터 꺼냅니다. 약
속 시간에 많이 늦어서 뛰어왔나 봅니다. 천천히 와도 됐는데 말
입니다.
　나선이를 기다리는 시간 동안 나는 《징비록》을 보며 많은 생각

을 했습니다. 그리고 지금 내가 어떤 행동을 취해야 할지 더욱 분명하게 결정할 수 있었습니다. 급하게 온 나선이가 편안할 때까지 기다렸다가 모의선거 일을 말해야겠습니다.

"너무 오래 기다렸지?"

"아냐, 내가 갑자기 약속한 거잖아. 너무 힘들게 온 건 아닌지 모르겠어."

"할 말이 있다며?"

"음, 그게⋯⋯."

나선이의 얼굴을 미안한듯 쳐다봅니다. 나를 많이 걱정해 주는 나선이. 막상 말을 하려고 하니까 입이 잘 떨어지지 않습니다. 내 말을 들으면 나선이는 어떤 행동을 할까요? 이해한다고 해 줄까요? 아니면 화를 낼까요? 집에서 나오기 전의 고민이 다시 시작되는 것 같습니다. 차라리 아무 말도 하지 말까요? 아무 일도 아니라고 말하고 나선이와 그냥 재미있게 서점에서 놀다가 집으로 돌아갈까요? 자꾸 다잡았던 마음이 흐트러지려고 합니다. 말해야 합니다. 정말로 나선이를 위한다면 말입니다.

"저기, 나⋯⋯ 수렴이 도와주기로 했어."

"뭐?"

"모의선거 일 도와주기로 약속했어."

"……."

말을 하고 나자 내 심장이 평소보다 더 빨리 뜁니다. 얼굴에서 열이 나는 것도 같습니다. 고개를 들고 나선이의 얼굴을 볼 자신이 없습니다. 나선이는 아무 말이 없습니다. 평소와 다른 나선이를 보고 있으니 겁이 납니다. 화가 난 게 분명합니다. 수렴이가 모의선거를 도와달라는 이유를 설명해야 할까요? 이유를 들으면 나선이가 이해해 주겠죠. 분명 화도 풀 것입니다.

"저기……."

"그래, 알았어."

나선이의 목소리가 차갑습니다. 표정도 굳어버린 것 같고. 이유를 설명하려고 했는데 나선이의 이런 모습을 보니 말을 할 수가 없습니다.

"난 네 생각해서 말한 건데……. 나는 네가 이런 말 하려고 불러낸 줄 몰랐어. 내 마음 같은 거 생각도 않는 거지? 실망이야, 정현지."

나선이는 내 선택에 상처받았나 봅니다. 화를 낼 줄도 모른다고 생각은 했었지만 막상 눈앞에서 겪고 보니 마음이 너무나 아픕니다. 어떻게 하면 좋을지……. 머릿속이 텅 비어 버리는 것 같습니다.

"나선아, 나는 말이야……."

"나 먼저 갈게."

이 말을 마지막으로 하고 싸늘한 표정으로 나선이는 혼자서 집으로 가 버렸습니다. 아무 말도 못한 내가 너무 바보 같습니다.

3 '믿음'을 가지고

가상 인물 포스터 여섯 장. 모의 대통령이 되었을 때 지키겠다는 공약을 적은 종이 여섯 장. 서른 장의 투표 종이. 3일 후에 있을 모의선거에 사용될 소품들입니다. 나의 노력과 정성이 들어간 결과물들. 이제 마지막으로 준비해야 하는 것은 투표 종이에 찍을 도장만 만들면 됩니다.

"현지야, 이거 정말 네가 만든 거야? 정말 잘 만들었다."

"이야, 이번에 하는 모의선거 정말 대통령 선거 같다."

"이거 우리 모두 후보야? 와! 멋지다."

반 친구들이 모의선거 소품을 볼 때마다 잘 만들었다고 한마디씩 해 주네요. 친구들의 칭찬을 들을 때마다 기분이 좋고 뿌듯하고 하네요. 내가 할 수 있는 일로 인해 친구들이 즐거워하는 모습을 보니 모의선거 준비를 하길 잘 했다는 생각이 듭니다. 하지만 이런 기쁜 마음 옆에 무거운 마음도 함께 있어요.

나선이와의 일 때문입니다.
서점에서의 일 이후에 지금까지 나선이와 한마디도 나누지 못했답니다. 그동안 매일 함께 등교 했었는데, 요즘은 나선이가 먼저 학교에 가 버립니다.
나선이는 다른 친구들과는 여전히 잘 이야기합니다. 다만 옆자리에 나와는 단 한마디도 하지 않습니다. 표정도 없고. 이런 모습의 나선이를 볼 때 마다 가슴이 아파요. 토라졌다고 해도 이렇게 오래갈 줄은 정말 몰랐습니다. 나선이와 이런 사이가 될 줄은 정말 몰랐어요. 벌써 이렇게 서먹하고 어색한 사이가 된 지 일주일이 넘었답니다.

"벌써 이만큼 준비한 거야?"

수렴이입니다. 소품들을 하나하나 보면서 만족한 듯한 얼굴을 합니다.

"정현지, 정말 솜씨 좋다. 다시 생각해 보아도 너한테 부탁하길 정말 잘 했다는 생각이 들어. 모의선거가 잘 끝나면 다 네 덕분이야. 고마워."

수렴이의 고맙다는 말에 마음이 따뜻해지네요. 사실 힘들지 않았다면 거짓말이겠지요. 나에게 우리 반을 위해 할 수 있는 일을 준 수렴이가 오히려 고맙게 느껴집니다.

"고마울 것까지야……. 나만 준비한 것도 아니고 반 친구들이 모두 함께한 것이잖아. 네가 다른 친구들한테 많이 부탁해 줘서 생각보다 빨리 만들 수 있었어."

"그래도 이런 것들을 만드느라 네가 힘들었을 것 같아. 그러면 준비는 다 끝난 거야?"

"도장만 만들면 돼."

"벌써?"

생각보다 준비가 빨리 되었는지 수렴이는 놀란 표정을 짓네요. 모의선거에 필요한 소품들을 하나하나 꼼꼼하게 살펴봅니다.

"너도 준비는 잘 돼?"

"그럭저럭."

우리 반을 하나로 만들기 위해 모의선거 준비를 하면서 틈틈이 모의선거를 반대하는 친구들을 열심히 설득했어요. 수렴이는 선거에 필요한 여러 가지 물건들도 열심히 구해 오고요. 모의선거를 준비하는 내내 잠시도 가만있지 못했답니다.

수렴이의 말과 행동 때문이었는지 많은 친구들이 모의선거를 하겠다고 했어요. 적극적으로요. 친구들이 모의선거에 관심을 갖고부터는 확실히 빨라졌어요. 이 모든 것이 수렴이의 노력이었다는 것을 나는 알고 있답니다.

한참 대화를 하고 있는 우리 옆을 나선이가 휭 지나갑니다. 자신의 자리에서 무엇인가를 꺼내 들고는 어디론가 가 버리네요. 나선이가 지나간 자리에서 초겨울 바람이 휘익 지나가는 느낌이 듭니다. 이런 나선이의 모습을 보고 수렴이가 내 얼굴을 쳐다봅니다. 그리고 낮은 목소리로 말을 겁니다.

"저번부터 느낀 건데…… 둘이 싸웠어?"

"아니……."

"너희 둘 정말 친하지 않았니? 요즘 보니 말도 잘 하지 않고, 같이 다니지도 않은 것 같은데……. 혹시 모의선거 때문에 그런 거 아냐?"

수렴이는 내 얼굴 표정을 살핍니다. 내가 무슨 말인가 해 주길 바라는 눈치입니다. '설마?' 하는 표정을 보이는 것 같습니다.

"너 때문에 그런 것 아냐. 모의선거 때문도 아니고. 나랑 나선이의 일에는 신경 쓰지 마. 정말이야."

"그래……."

수렴이와의 일이 지금의 나선이와 사이에 아주 관련이 없는 것은 아니지만 차마 말할 수 없네요. 점점 사이가 벌어지고 있던 우리 반의 단합 정신을 지키기 위해 얼마나 노력했는지 아니까요.

"무슨 일인지는 잘 모르겠지만…… 어디서 들은 소리인지는 잘 기억나지 않지만 모든 일은 진심이면 통한대."

나선이와 나의 둘 사이가 심상치 않아서 해결해 주고 싶었는지 갑자기 수렴이가 한 마디 툭 던집니다.

"그리고 그 진심을 표현하지 않으면 알 수 없다고 하던데. 이거 너에게 도움이 되는 이야기인지 모르겠지만 말이야."

"그런데 네 말, 너랑 나선이한테도 들어맞을 것 같은데. 아냐?"

"그런가?"

말을 듣고 나서 멋쩍었는지 수렴이는 손으로 머리를 긁적입니다. 그리고 '씨익' 웃고는 이번 대통령 선거일에 모의선거 준비를 마지막으로 점검해 보자고 합니다. 쉬는 날이지만 오후에 선거를 준비하는 친구들과 함께 학교에서 만나자고 합니다. 나는 알았다고 고개를 끄덕입니다.

"현지야, 하회마을 갔다 온 사진 나왔어. 책상에 올려놓았으니 봐라."

학원 공부를 마치고 집으로 돌아오니 고모가 일찍 들어오셨네요. 지난 번 취재가 이제 다 마무리 되었나 봅니다. 한동안 바빠서 고모의 얼굴을 볼 수가 없었거든요.

방으로 들어가 책상에 가니 꽤 많은 사진이 놓여 있습니다. 학원 가방을 방 안 귀퉁이 놓고 사진을 한 장씩 살펴봅니다.

사진들 속에는 안동 하회마을에서 보낸 시간들이 담겨 있습니다. 한 장씩 볼 때마다 다시 그 시간이 새록새록 기억이 납니다. 여러 사진들 앞에서 유독 한 장이 눈에 들어옵니다. 나선이와 충효당에서 함께 찍은 사진입니다. 이때의 우리는 환한 미소를 짓고 있네요. 문득 이 때 나선이가 외친 말이 생각이 납니다.

"이순신을 끝까지 믿어 준 유성룡처럼, 무슨 일이 있어도 우리 서로 끝까지 믿어 주기로 약속하는 거다!"

끝까지 믿어 주기로 하고선. 갑자기 나선이에게 섭섭한 마음이 듭니다. 눈물이 날 것 같아요.

"진심이면 통한대."

낮에 수렴이가 말했던 말이 갑자기 떠오릅니다. 진심이면 지금의 문제를 해결할 수 있을까요? 그런데 내 마음을 어떻게 나선이에게 알릴 수 있을까요? 마음은 보이지 않는데 말입니다.

"진심은 표현하지 않으면 알 수 없대."

수렴이의 말을 곰곰이 생각해 봅니다. 머릿속에서 무엇인가 잡힐 듯 잡힐 듯 잡히지 않네요. 생각이 잘 떠오르지 않아 답답합니다. 아까 보던 사진을 한참 들여다봅니다.

사진 속에서 웃고 있는 나선이에게 자꾸 눈길이 갑니다. 문득 서랍을 열어 봅니다. 편지지와 편지봉투가 눈에 들어옵니다. 지금부터 내 마음을 가득 담아서 나선이에게 보내려 합니다.

나선이 에게

오랜만에 편지를

메일을 보낼까 하

음 나 때문에 너

내가 수련이 에게

너도 알겠지

모의선거를 통해

도움을 줄 수밖

미리 이야

하지만

굳이 설명

우리의 우정이

말하지 않아도

상황

꺼

없어

네가 날

생각했어

속상하게

설명하지

지금도 그래. 나는 아직도 네가 날
이해해 줄거라고 믿고있어.
오랫동안 우린 정말 친한 친구였잖아, 앞으론도
그럴꺼고. 예전처럼 우리 즐겁게 웃는 사이로 돌아가
면 안 될까?
　　　　너의 대답을 기다리고 있는 현지가

나선이에게

너에게 오랜만에 편지를 써.

메일을 보낼까 하다가 네가 손으로 쓴 글씨를 좋아하는 게 생각나서 편지를 썼어.

요즘 나 때문에 너무 힘든 건 아닌지…… 내가 수령이의 부탁을 들어준 건 우리 반 때문이었어. 너도 알겠지만 예전에 우리 반 분위기가 안 좋았잖아. 새로 가게 될 중학교 때문에. 모의선거를 통해서 다시 예전과 같은 분위기로 돌아가자는 수령이의 말이 너무 마음에 와 닿아서 나는 도움을 줄 수밖에 없었어.

이런 이야기를 미리 너에게 했어야 하는데…… 내가 설명 없이 수령이 도와주기로 했다는 말만 해서 너를 많이 속상하게 한 것 같아. 하지만 나는 수령이를 도와주는 일을 굳이 설명하지 않아도 네가 이해해 줄 거라고 생각했거든. 우리의 우정이라면 말하지 않아도 충분히 알아줄 것이라고 생각했어. 지금도 그래. 나는 아직도 네가 날 이해해 줄 것이라고 믿어.

오랫동안 우리 정말 친한 친구였잖아. 앞으로도 그럴 거고. 예전처럼 우리 즐겁게 웃는 사이로 돌아가면 안 될까?

너의 대답을 기다리고 있는 현지가

편지를 다 쓰고 나서 나선이가 좋아하는 초록색 편지 봉투에 담습니다. 풀로 봉투를 붙이려는데 충효당에서 찍은 사진이 눈에 다시 들어옵니다. 이 사진도 함께 나선이에게 보내야겠습니다. 조금이라도 더 내 마음이, 나선이에 대한 내 믿음이 잘 전해지도록 말이에요.

　내일 아침은 평소보다 더 일찍 일어나야겠어요. 나선이네 편지함에 편지를 놓고 가려면요.

《징비록》의 내용

유성룡의 《징비록》에는 10년 전쟁인 임진왜란과 정유재란의 상황이 정확하게 기록되어 있어요. 그뿐만 아니라 유성룡이 임진왜란과 정유재란을 겪으면서 몸소 체험한 사실들을 기록한 책으로 교훈적인 내용도 상세하게 기록하고 있어요.

무엇보다 《징비록》은 유성룡이 직접 두 차례에 걸친 전쟁을 겪고 문제를 해결하는 과정에서 얻은 풍부한 경험과 지식을 기반으로 하였다는데 큰 가치가 있어요. 유성룡은 《징비록》에서 당시의 어지러운 상황과 무능한 관료들의 행동, 또한 자신의 국방책을 당당하게 서술하고 있어요.

즉, 전쟁 중의 사실과 인물평이 당파를 초월한 객관적 입장을 밝히고, 과정과 결과를 있는 그대로 숨김없이 기술하고 있어요. 또한 전쟁을 기록한 책임에도 단순한 전투뿐만 아니라 정치 · 경제 · 외교 등에 걸치는

종합적인 부분도 아울러 포함시킴으로써 임진왜란의 중요한 연구 사료로 인정받고 있어요.

유성룡은 학자이자 전략을 지닌 정치가였어요. 특히 유성룡은 퇴계 이황 아래에서 공부한 유학자였음에도 불구하고 군사전략 부분에 큰 공헌을 하였어요. 평안도에서 군대를 다스리는 일까지 하여 명나라 장수 이여송과 더불어 평양을 되찾아 전세를 반전시키는 데 큰 역할을 하였어요. 이어서 충청도 · 전라도 · 경상도에 있는 군대까지 다스리면서 남해안으로 몰린 왜군을 포위하는 데 힘을 기울였어요. 또한 왜군의 조총에 대응하여 파괴력이 뛰어난 병사들을 훈련시키고, 화포를 개발하도록 건의했으며, 군인들이 먹는 쌀을 키우는 땅을 경작하면서 군량미 확보를 위해 힘을 기울였어요.

유성룡은 전쟁의 와중에도 여러 관료들의 의견이 나눠지면서 반대파에 의해 끊임없이 비난당했어요. 그리고 결국에는 탄핵으로 인해 벼슬자리에서 쫓겨났어요. 1600년 다시 벼슬 지위를 받았지만 그는 조정의 부름에 응하지 않았어요. 그는 평생을 제자의 양성과 저술을 하면서 보냈어요. 이 저술이 바로 《징비록》이랍니다.

유성룡이 세상을 떠나자 선조 임금은 신하를 보내 죽음을 위로하였어요. 그리고 명령을 내려 조회와 시장을 3일 동안 금하게 하였으며, 유성룡이 죽었다는 소식을 들은 백성들이 달려와 "서애공이 아니었으면 우리들은 이미 죽었을 것이다"라고 통곡하였다고 해요.

1607년 7월에 풍산현에 장사를 지내고, 1614년 여름에 직계 제자들과 선비들이 병산서원에 신주를 올려 매년 제례를 지내고 있어요. 조선이 전쟁을 겪는 어려운 시기에 유성룡은 재상으로서 전쟁을 승리로 이끌었어요. 그리고 죽은 뒤에는 조정과 백성들로부터 조선을 구한 인물로 인정받았어요. 유성룡은 진정 퇴계 이황의 말을 빌리지 않더라도 '하늘이 내린 사람'이라고 할 수 있어요.

에필로그

오늘은 대통령 선거일입니다.

아빠와 엄마는 투표장에 가시기 위해 준비 중이시네요. 선거에 필요한 신분증을 챙기시는 아빠, 엄마의 모습을 보면 나도 얼른 커서 내 손으로 진짜 대통령을 뽑고 싶은 생각이 자꾸만 들어요. 진짜 선거에 참여할 수 없어 한편으로 아쉽군요. 그래도 내일 모의선거가 있으니까 아쉬운 마음을 달랠 수 있답니다. 앞으로 내가 더 자라면 정말 소중한 권리를 행사할 순간이 오겠지요.

TV에서는 실시간으로 투표장의 모습을 보여 줍니다. 리포터에 말에 의하면 새벽 6시부터 일찍 투표가 시작되었다고 하네요. 자신의 소중한 권리를 행사하기 위해 투표장을 찾아온 사람들. 모두가 우리나라의 미래를 걱정하고 아끼는 마음으로 아침 일찍 투표장을 갔을 것이라 생각해요.

리포터가 막 투표를 끝내고 나온 시민들을 만나 인터뷰를 합니다.

"이번 선거에서 뽑힐 대통령께 바라시는 점이 있으시다면 한 말씀해 주세요."

"뭐 특별한 게 있겠습니까. 그냥 우리 같은 평범한 사람들을 잘 이끌고 좋은 나라 만들어 주는 것이지요."

"지금의 어려운 경제 문제를 잘 해결해 주었으면 좋겠어요."

"국민의 바람을 잘 읽고, 현명하고 지혜롭게 그 바람을 이루어 줄 사람이 되었으면 합니다."

인터뷰 하시는 여러 사람들의 대답은 여러 가지네요. 그래도 모두 우리의 힘찬 미래를 위해 멋진 지도자를 원한다고 말하는 것 같아요. TV를 보고 있으니 만약 내가 이번 선거에 투표를 하러갔다면 누구를 뽑았을까 생각이 드네요. 1번? 2번? 3번? ……. 여전히 누군가를 뽑는 일은 어려워요.

"띠리릭, 띠리릭."

갑자기 전화가 오네요. 누구지? 아빠와 엄마께서 무엇을 잊고 전화하셨나?

"여보세요? 현지네 집입니다."

"……."

대답이 없네요. 누가 장난 전화를 하나 봐요. 으흠. 다시 한 번 물어보고 답이 없으면 끊어야겠어요.

"여보세요?"

"나야……."

수화기를 통해 전해오는 목소리는 분명 나선이네요. 나선이가 먼저 연락을 해오다니. 정말 다행입니다. 나에게 화가 났던 부분이 다 사라졌나 봅니다. '언제쯤 전화를 줄까' 마음속으로 기다리고 있었는데. 오늘 안으로 연락을 없으면, 내가 먼저 전화하려고 마음먹고 있었답니다.

"네 편지 읽었어."

"그래……. 나 많이 미웠지?"

"아니. 그렇지 않아. 아니다. 처음엔 솔직히 미웠어."

역시, 홍나선이군요. 마음에 담아 두어야 할 말을 담아 두지 못하는 걸 보니. 그래서 나선이답습니다. 피식 웃음이 납니다.

"네가 수렴이 편만 드는 것 같아서. 그런데 네 편지 읽고서……. 현지야, 그동안 내가 정말 미안했어. 정말."

"아냐. 미안하긴 나라도 네가 그랬다면 무척 섭섭했을 거야."

"수렴이 부탁 들어주지 말라고 한 건 정말 미안해."

나선이의 사과를 듣고 나니 기분이 날아갈 것 같네요. 사실 사과까지 바라지는 않았는데 말입니다.

"점심 먹고 만나지 않을래?"

"어쩌지…… 점심 먹고 학교에 가야 하는데. 수렴이랑 약속이 있어. 내일 있을 모의선거 준비를 마저 도와주기로 했어."

나선이에게 수렴이와의 약속을 꺼내는 것이 조심스럽네요. 아무리 화해를 했다고 해도 말입니다.

"그래, 그렇구나……."

나선이는 한동안 말이 없습니다.

"있잖아, 현지야. 있다가 학교 갈 때 나도 같이 가."

"정말?"

"나도 도울게. 우리 반을 위해서라니까. 잘난 척 하는 수렴이 보기는 싫지만 말이야."

이렇게 말은 해도 나선이의 진짜 마음이 아니라는 것을 잘 압니다. 오늘 이후로 나선이와 수렴의 으르렁거리는 사이가 더 이상 볼 수 없을 듯한 생각이 듭니다.

"그래. 그럼 이따가 연락할게."

수화기를 내려놓는데 거실의 넓은 유리창을 통해 하늘이 보입니다. 유난히 눈이 부시게 맑고 깨끗한 초겨울의 하늘. 저 하늘처럼 내 마음도 맑음입니다.

통합형 논술
활용 노트

01 다음 글을 읽고 물음에 답하세요.

(가)
유비무환(有備無患)
소 잃고 외양간 고친다.

(나)
《징비록》을 쓴 이유에 궁금증을 느끼며 다음 장으로 넘어갔습니다. 서문을 읽다가 지금의 궁금증을 조금이나마 해결할 수 있었습니다. 나와 같은 궁금증을 가진 사람들이 있을 줄 알고 유성룡이 써 놓은 것 같습니다. 서문에 이런 부분이 있습니다.

시경(詩經 : 춘추 시대의 민요를 중심으로 모은 중국에서 가장 오래된 시집)에 이르기를 '내 지난 일을 징계(徵戒 :허물이나 잘못을 뉘우치도록 나무라며 다시는 같은 잘못을 저지르지 않도록 함)하여 뒷근심이 있을까 삼가노라.' 하고 했으니 이것이 징비록을 쓰는 이유라 하겠다.

"멋지고 훌륭한 사람은 무엇이 달라도 다르구나."
나도 모르게 혼잣말을 합니다.

7년 동안의 긴 전쟁도 멋지게 마무리 하신 분이 바로 유성룡입니다. 그냥 가만히 계셨어도 능력 있고 멋있는 인물이셨는데 먼 훗날 임진왜란과 같은 실수를 되풀이 하지 않으려 기록도 남기시다니.

1. 여러분은 제시문(가)에 있는 사자성어와 속담을 본 적 있나요? 무슨 뜻인지 여러분의 생각을 적고, 공통으로 말하는 뜻도 적어 보세요.

2. 여러분은 혹시 소 잃고 외양간 고친 적 없나요? 제시문(나)를 읽은 후 여러분의 경험에 비추어 유성룡이 《징비록》을 쓴 이유를 써 보세요.

02 (가)를 읽고 국가 지도자가 어떤 자질이나 능력을 갖추어야 할지 생각해본 후, (나)에서 이야기하는 선조 임금과 신료, 유성룡의 태도를 비판하거나 옹호해 보세요.

(가)

엄마와 아빠께서는 어느새 무게감이 느껴지는 이야기를 하고 계시네요. 선거를 한다는 것은 투표소에 가서 도장만 찍고 나오는 것이 다가 아닌가 봅니다. 투표는 간단한 일이라고 생각했는데 말입니다. 엄마 아빠 이야기를 듣고 있으려니 한 표를 행사하는 권리가 매우 중요한 일이라는 것을 느낍니다.

"지금 힘든 상황에서 이번 대통령 선거가 중요한 것은 알겠는데……. 이번에 우리가 뽑아야 할 사람은 어떤 사람이어야 할까요?"

"나도 잘 모르겠지만, 위기의 대한민국을 구해야 할 능력과 지혜를 갖춘 사람이어야겠지. 위기를 탈출할 수 있게 국민의 능력을 이끌어 낼 수 있는 사람. 진정으로 우리나라를 사랑하고 국민이 원하는 것이 무엇인지를 귀 기울이는 사람을 필요로 하지 않을까 생각하는데. 물론 이건 어디까지나 내 생각이지만."

"어려워……. 얼굴에 우리나라를 잘 이끌 수 있는 사람이라고 써져 있으면 좋겠어요."

―《유성룡이 들려주는 징비록 이야기》중

(나)

유성룡의 나라를 사랑하는 마음은 1592년 한양을 떠나 피란길에 올랐을 때 잘 나타나 있어요. 《징비록》에 의하면 당시 임금이 피란갈 곳을 정하는데, 신료들 사이에서 논란이 일어났다고 해요. 신료들과 선조 임금은 명나라로 가야 한다고 했어요. 하지만 이것은 나라가 망하여 다른 나라로 망명하는 것이나 다름없었지요.

그래서 유성룡은 선조 임금이 명나라로 가는 것에 크게 반대했어요. 선조 임금이 단 한 발자국이라도 이 땅을 벗어나면 더 이상 이 땅은 우리나라 땅이 아니며, 이 소문이 백성들에게 퍼지면 일본군에 대한 항전의지가 꺾여서 더 이상 나라를 지킬 수 없다고 주장하였어요.

－《유성룡이 들려주는 징비록 이야기》중

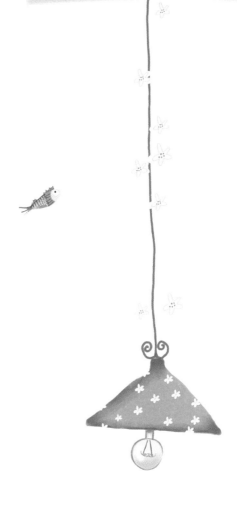

통합형 논술
문제풀이

01
1. 유비무환(有備無患)은 나쁜 일이 닥칠 것을 대비해 놓는다는 뜻입니다. '소 잃고 외양간 고친다'는 후회할 행동을 하지 말고 미리 준비를 해 놓아야 한다는 뜻입니다. 제시문(가)는 모두 미래에 일어날 수 있는 나쁜 일을 올바로 해결하기 위해 지금부터 미리 준비를 해야 한다는 뜻입니다. 일어난 일을 후회할 때는 이미 늦었습니다. '유비무환', '소 잃고 외양간 고친다'를 우리가 잘 새겨들었을 때 후회할 일을 만들기 전에 대비를 하고, 나쁜 일이 닥치지 않으면 가장 좋지만 나쁜 일이 닥쳤을 때 지혜롭게 해결할 수 있는데 도움을 줄 수 있습니다.

2. 교실 사물함에 있는 열쇠를 잃어버린 적이 있습니다. 한 번도 분실사건이 일어나지 않았고, 자물쇠를 사용하지 않는 친구들도 있었기 때문에 나는 열쇠를 다시 사지 않았습니다. 그런데 사물함에 넣어 두었던 친구선물이 없어졌고, 나는 그때에야 사물함을 잠그지 않은 것에 후회를 하였습니다. 물건을 훔쳐간 사람도 잘못이

있지만 제대로 지키지 않은 나의 잘못도 컸습니다. 유성룡은 임진왜란을 겪으면서 전쟁의 참담함을 알고, 전쟁을 대비해 놓아야 한다고 보았습니다. 그래야 전쟁이 났을 때도 백성들과 나라를 안전하게 지킬 수 있고 전쟁을 미리 막을 수 있기 때문입니다. 오늘 현대 사회도 마찬가지입니다. 수입한 미국산 쇠고기 중 광우병 의심 쇠고기가 발견되어 국민들의 마음과 건강을 불안하게 하는 나쁜 일을 미리 막기 위해서 철저한 준비가 필요합니다.

02
(가)를 보면 국가가 어려운 상황에서 대표자를 선출해야 하는 상황입니다. 위기 상황에선 지도자의 능력과 역할이 어느 때보다 큰 중요성을 가집니다. 안정적인 상황에선 그 상태를 유지하거나 더 발전을 꾀할 수 있습니다. 하지만 위기 상황에선 어려움을 극복해야 하기 때문에 문제에 현명하게 대처하는 능력이 더 절실합니다. 문제를 지혜롭게 판단할 뿐만 아니라 국민들이 믿고 따라올 수 있도록

이끌어주는 리더십과 카리스마가 필요한 것입니다.

하지만 (나)를 보면 선조와 신료들이 위기 상황에서 백성들을 이끌고 문제를 해결하려 하기보다는, 국권마저 포기하다시피 하며 자신의 안위를 챙기려 하고 있습니다. 물론 명나라에 도움을 요청하면 전쟁을 막을 수도 있었을 것입니다. 하지만 그건 우리 힘으로 전쟁을 치르겠다는 의지가 없는 것이고, 위기 대처 능력과 리더십도 찾아볼 수 없는 태도입니다. 그런 점에서 선조와 신료들은 비판받아 마땅하며, 이를 말린 유성룡의 리더십이 돋보이는 것입니다.